COUVERTURES SUPERIEURE ET INFERIEURE D'IMPRIMEUR

LES COUTEAUX D'OR

ŒUVRES DE PAUL FÉVAL

SOIGNEUSEMENT REVUES ET CORRIGÉES

COLLECTION OLLENDORFF A 2 FRANCS

Les Étapes d'une Conversion (1re série). *La Mort d'un Père.*
Pierre Blot, 2e récit de Jean (IIe série des *Étapes*).
La Première Communion (3e récit de Jean (IIIe série des *Étapes*).
Le Coup de grâce (dernière étape).
Jésuites !
Pas de Divorce !
L'Homme de Fer.
Châteaupauvre, voyage au dernier pays breton.
Le Dernier Chevalier.
Frère Tranquille (anc. *la Duchesse de Nemours*).
La Fille du Juif-Errant.
Le Château de velours.
La Louve.
Valentine de Rohan (suite de *la Louve*).
L'Oncle Louis. 2 vol.
L'Homme du Gaz.
Le Loup blanc.
Le Mendiant noir.
Le Poisson d'or.
Le Régiment des géants.
Les Fanfarons du Roi.
Le Chevalier Ténèbre.
Les Couteaux d'or.
Les Errants de nuit.
Fontaine aux perles.
Les Parvenus.
La Reine des épées.
Les Compagnons du silence.
Le Prince Coriolani (suite du précédent).
Une Histoire de revenants.
Roger Bontemps.
La Chasse au roi.
La Cavalière (suite de *la Chasse au roi*).
Le Capitaine Simon. — La Fille de l'émigré. 1 volume.
Le Chevalier de Kéramour (anc. *la Bague de chanvre*).
La Quittance de Minuit. 2 vol.

LES
COUTEAUX D'OR

PAR

PAUL FÉVAL

NOUVELLE ÉDITION

PARIS
PAUL OLLENDORFF, ÉDITEUR
28 bis, RUE DE RICHELIEU, 28 bis
—
1895
Tous droits réservés.

LES COUTEAUX D'OR

I

PETIT COMITÉ CHEZ LA MARQUISE

On dansait au piano dans le petit salon de l'hôtel de Boistrudan. C'était vers la fin de janvier, en l'année 1849. Dans le boudoir on causait.

Il se faisait tard. Le boudoir de la marquise était plein. La danse au piano est ou très-charmante ou très-ennuyeuse, selon le sort. Le petit salon avait déjà de larges vides ; tout le succès était au boudoir, où l'on ne jouait guère, où l'on ne dansait pas du tout.

Nous n'avons pas le droit de désigner la place où le noble et gracieux hôtel de Boistrudan mire les grands arbres de son jardin dans la Seine. Cette métaphore, qui supprime le quai, nous sera pardonnée en faveur de sa tournure classique. Tout ce que nous pouvons dire, c'est que c'était un de ces petits palais qui regardent la terrasse du bord de l'eau à travers le fleuve, admirant à la fois le paysage des Champs-Élysées, les bosquets des Tuileries, et le château, dont les deux profils, fuyant en équerre, vont d'un côté rejoindre les merveilles nobles du Louvre, de l'autre les bourgeoises merveilles de la rue de Rivoli.

Entre toutes les grandeurs, entre toutes les beautés, Paris est grand et beau [1].

Cette nuit-là, le quai d'Orsay, désert, prolongeait à droite et à gauche sa voie tracée au cordeau et toute blanche de frimas. La neige dessinait nettement les lignes grecques de l'hôtel de Boistrudan, bâti sous Louis XIV. Chaque corniche tracée, dans le clair-obscur, par un coup de pinceau vif et hardi.

Les branches des arbres, blanches en dessus,

---

[1] Ceci était écrit, bien entendu, avant le meurtre des Tuileries.

noires en dessous, laissaient voir, comme au travers d'une dentelle à larges mailles, les fenêtres faiblement éclairées de la façade. Dans le silence, rompu seulement par le rauque gémissement du fleuve, dont les glaces flottantes ralentissaient le cours, c'est à peine si on entendait du dehors la guillerette musique des quadrilles.

Tristes nuits pour la pauvreté solitaire et nue; belles nuits sous le soleil des lustres, dans l'atmosphère tiède et embaumée des heureux! Mais combien dure le temps? Et rien de tout cela ne survit dans l'Eternité qui n'a point de fin.

Il y avait un homme enveloppé d'une couverture grise, accroupi dans l'embrasure de cette porte inutile que tous les hôtels à jardin ont sur le quai. La porte par où l'on entre et par où l'on sort, la porte cochère devant laquelle stationnent les équipages, s'ouvre sur la rue de Lille.

L'homme dormait. Sa tête s'appuyait sur ses deux mains. La couverture, arrangée en forme de capuchon, masquait presque entièrement son visage. Aux lueurs que répand la neige, on eût pu distinguer pourtant une face de bronze aux traits fortement creusés, sur laquelle pendait une longue mèche de cheveux tressés.

Mme la marquise de Boistrudan jouissait d'une

belle fortune patrimoniale. Elle avait une fille unique qui passait pour tenir une place honorable parmi les héritières du faubourg Saint-Germain. Hélène de Boistrudan avait vingt ans ; elle était fort jolie, très-spirituelle et très-bonne. Son mariage avec le vicomte Henri de Villiers était arrêté depuis un mois.

Il existait quelques liens de parenté éloignée entre Mme la marquise et le vicomte. Elle le connaissait depuis l'enfance. Feu M. le marquis de Boistrudan, ancien secrétaire d'État de Charles X, avait été subrogé-tuteur d'Henri. Les familles se convenaient : quant à la fortune, Henri avait été un dissipateur ; lors de son entrée dans le monde, on avait même dit qu'il était ruiné, mais au retour de ses voyages il avait racheté d'un même coup toutes ses propriétés. Ceci est regardé dans le monde comme la meilleure des expiations.

Le vicomte Henri avait une trentaine d'années, et paraissait un peu davantage à cause de son teint très-brun et de la fatigue qui se peignait sur son visage. Il était beau et souverainement élégant ; quelques duels bien menés, et surtout les récits qu'il faisait de certaines particularités de ses voyages, devaient donner une idée de son courage ; il était, en outre, homme du monde et parlait avec une rare facilité. Depuis six mois qu'il était de retour à Paris, peu de vicomtes pouvaient lui disputer le sceptre de la mode.

Il paraissait fort épris de sa belle cousine. Hélène, de son côté, consultée au sujet du mariage, avait répondu qu'elle n'aurait point de répugnance à devenir sa femme.

On dit que cela suffit. Pourquoi dit-on cela? Ce sont des questions ardues. Je vous demanderai, moi, ce qui vous embarrassera bien autrement, dans quel chartrier inépuisable les cent cinquante mille vicomtes qui battent le pavé de Paris, surtout dans le quartier de la Bourse, ont conquis leurs parchemins respectables?

Du reste, nous présentons ici un cas exceptionnel. Notre vicomte de Villiers avait son écu à la salle des croisades, et, véritablement, la jolie Hélène n'était pas bien sûre de ne point penser à lui du matin au soir.

Hélène était au salon, le vicomte Henri trônait dans le boudoir; c'était Hélène qui encourageait les derniers efforts de la danse; c'était Henri qui faisait le succès du coin du feu. Chaque fois que le piano cessait de bavarder, la voix sonore du vicomte pénétrait dans le salon; les couples les plus rapprochés de la porte saisissaient quelques paroles à la volée. L'intérêt s'éveillait ; danseurs et danseuses passaient le seuil avec l'intention de revenir. Ils restaient.

Nous ne saurions rien trouver de plus élogieux pour vanter l'éloquence de notre vicomte voyageur.

Il arriva un moment où le salon ne contint plus que les quatre couples nécessaires pour former un quadrille. Après le quadrille, une pauvre polka se traîna, sautillant à contre-cœur ; puis le piano se tut. Aimez-vous la polka? Elle est arrivée chez nous en même temps que le mauvais ton.

Hélène s'assit toute rêveuse sur le canapé.

Je ne sais pourquoi Hélène était la seule qui ne fût pas attirée par la parole du vicomte cette nuit.

Hélène était blonde et un peu frêle, malgré la parfaite harmonie de sa taille. Elle avait les traits délicats ; la bouche surtout, qui montrait dans le sourire deux rangées de perles. Le bleu de ses yeux était si foncé qu'ils paraissaient noirs. Elle était grande ; tout à l'heure, au piano, vous eussiez pu admirer ses petites mains fines et plus blanches que l'ivoire ; jamais pied plus mignon que le sien n'avait foulé les tapis connaisseurs du noble faubourg. Hélène méritait à tous égards sa réputation.

Il n'y avait qu'à voir son visage intelligent et doux pour la juger meilleure que jolie.

Mais à quoi rêvait-elle, pendant que le vicomte la cherchait en vain dans le cercle de ses auditeurs?

Hélas! tout donne à rêver, même le piano!

Tout à l'heure, pendant que la danse gardait encore tous ses fidèles, le piano avait soudain changé de voix. Au lieu de ce chant haché menu, qui découpe les figures du quadrille, une valse allemande avait empli l'air de ses vibrations doucement balancées. C'avait été comme un flot de poésie coulant à l'improviste dans ce bassin de prose. Au fond de cette musique écrite puissamment, il y avait je ne sais quoi de bon et de tendre : des regrets adoucis par le sourire, l'écho discret des larmes qui coulent du cœur, et le charme et le parfum des lointains souvenirs.

Hélène n'avait pas valsé, Hélène ne valsait jamais; mais elle s'était prise à écouter. Voilà pourquoi Hélène rêvait.

L'exécutant était un jeune homme. Hélène ne le connaissait pas. Un vieil ami de la maison, le général O'Brien, l'avait amené par la main ce soir même. En entrant, le nouveau venu avait l'air timide et presque farouche : Hélène avait remarqué cela. Le vieux général avait baisé la main d'Hélène;

l'œil de l'étranger, noir et profond, s'était détourné, tandis qu'une nuance plus chaude montait un instant à sa joue pâle.

On eût dit que la vue d'Hélène produisait en lui une émotion douloureuse et douce à la fois. Hélène l'entendit qui disait à l'oreille du général :

— C'est elle?

Le général fit, avec sa tête blanche, un signe de discrète affirmation.

L'étranger s'éloigna après voir salué.

— Entre mille, prononça-t-il comme en se parlant à lui-même, je l'aurais devinée !

Le général aperçut la marquise et se dirigea vers elle, tenant toujours l'étranger par la main. Il le lui présenta sous le nom de M. Georges Leslie. La marquise fit à M. Georges Leslie un accueil gracieux, mais un peu protecteur.

Il y a des noms qui frappent et qui reviennent à l'esprit avec une ténacité singulière : c'est comme certains chants dont la mémoire ne peut se débarrasser et qu'on va répétant malgré soi. Hélène s'étonna plus d'une fois dans la soirée de trouver au seuil de sa pensée ce nom de Georges Leslie.

Elle ne le vit plus qu'au moment où le piano, prenant tout à coup une âme, se mit à dire la valse de Weber. Hélène leva les yeux alors et reconnut au piano M. Georges Leslie. Elle s'y attendait.

De la place où elle était, elle pouvait à la fois apercevoir Georges Leslie et le vicomte Henri de Villiers, son fiancé : Georges directement ; Henri, au moyen d'une glace qui lui renvoyait son image. Le contraste absolu qui existait entre ces deux hommes sautait aux yeux si vivement, qu'Hélène ne put s'empêcher de le remarquer.

Henri était de grande taille, et chacun de ses mouvements décelait la grâce aisée de l'homme du monde. La teinte de bronze que les voyages avaient mise sur ses traits délicats et réguliers ne lui ôtait rien de cette qualité mal définie qu'on est convenu d'appeler la *distinction*, et qui consiste un peu à porter ce cachet uniforme des jeunes-premiers de théâtre et de héros de roman ; de telle sorte qu'on pourrait croire que ce mot *distinction* est une antiphrase, comme le sobriquet de *bonnes déesses* accordé par la peur aux furies antiques. Il n'en est rien pourtant, et le monde, qui n'en sait pas plus long, s'acharne à ce contre-sens et de très-bonne foi.

La pâleur est le premier et le plus indispensable élément de cette banale distinction si enviée : le vicomte Henri satisfaisait suffisamment à cette règle ; il avait en outre les traits aquilins, l'œil vif, brillant et remarquablement expressif, la parole colorée, la voix grave, le port haut ; ses cheveux noirs, relevés avec négligence, encadraient bien son front.

Sur cent dames distinguées de tout âge et de tous mondes, vous n'en eussiez pas trouvé une seule pour prétendre que le vicomte Henri n'était pas un charmant cavalier, — et distingué. Ce n'eut pas été tout à fait une erreur.

Hélène faisait comme tout le monde, elle le trouvait aimable et beau. L'idée d'être sa femme lui inspirait un plaisir raisonnable et mêlé d'orgueil. Elle se disait : « C'est sans doute là le sentiment qu'il faut avoir pour son mari. » Et certes, ceci non plus ne s'éloignait pas beaucoup de la vérité.

L'autre, l'homme à la valse, semblait dès le premier aspect, gêné dans son habit noir ; son cou, trop musculeux, tordait sa cravate blanche : il avait les épaules larges, les mains belles, mais fortes à ce point qu'on pouvait s'étonner des douceurs infinies de son jeu. Sa figure, vivement caractérisé, n'avait pas la *distinction* de la figure d'Henri. C'était un front large et montueux : le crâne, d'une ampleur considérable, se couvrait d'une forêt de cheveux fauves, coupés au ras de la peau.

Avez-vous vu ces robustes têtes de convenantaires du temps de Cromwell ? On les admire presque, et pourtant elles repoussent énergiquement la sympathie. Depuis la naissance des cheveux jusqu'aux sourcils, la tête de Georges Leslie était ainsi modelée mais au-dessous, tout changeait. La ligne elle-même des sourcils, bien marquée, affectait une courbe si pure qu'on eût pu les placer au-dessus du limpide regard d'un enfant. Ses yeux étaient grands, un peu trop reculés sous l'arcade, mais fendus généreusement et gardant en eux-mêmes leurs rayons.

Les dompteurs de serpents ont cette prunelle profonde et terne.

Sous les yeux, la pommette saillait ; le nez droit, que vous eussiez dit sculpté par un ciseau grec, relevait légèrement ses narines ; la bouche, petite et brusquement dessinée, renflait sa lèvre inférieure, et le plan du menton, projeté en avant, donnait à toute cette physionomie un caractère de vaillante puissance et de volonté indomptable.

Il est hors de doute que la jolie Hélène n'avait point détaillé tout cela comme nous. Son impression avait été celle-ci : « Est-il possible que deux hommes, tous deux grands, jeunes et beaux, puissent être aussi différents d'aspect que M. le vicomte Henri de Villiers et M. Georges Leslie ? »

Elle s'était demandé cela en écoutant la valse de Weber.

Après la valse on avait battu des mains dans le salon, et c'était justice. Les mains d'Hélène étaient restées oisives, malgré le devoir d'une maîtresse de maison qu'Hélène connaissait mieux que personne.

Quand M. Georges Leslie, gauche et embarrassé en face des compliments de tous, avait balbutié : « Je m'occupais de musique autrefois... mais il y a si longtemps ! » Hélène n'avait vu dans cette réponse que la ruse niaise de la vanité. Elle s'était dit :

— C'est un artiste !

Mot cruel, et qui ne nous apprend pas du tout à quoi songeait cette charmante Hélène dans la solitude du salon, abandonné par les danseurs.

Elle pensa longtemps. Une clameur soudaine qui se fit dans le boudoir l'éveilla en sursaut.

— Ah ! par exemple ! disait-on, celle-ci est trop forte !

— Les voyageurs ont des priviléges, ajoutaient d'autres voix, mais il ne faut pas non plus en abuser !

Et des rires ! Chacun parlait à la fois.

Hélène était éveillée, mais c'est à peine si elle entendait ce bruit. Elle restait sur le canapé, immobile et comme frappée de stupeur. En levant la tête, elle avait eu conscience du vide qui était autour d'elle, en même temps qu'elle apercevait le regard de Georges Leslie fixé sur elle.

Hélène se sentit le cœur serré sans deviner pourquoi. Elle eut peur et devint pâle. Georges Leslie, au contraire, rougit et détourna d'elle son regard vivement.

Georges était debout, juste en face d'Hélène. Il s'adossait au chambranle de la porte qui donnait du salon dans le boudoir.

Au bout de quelques minutes, Hélène se leva, confuse et irritée de sa frayeur même. Un rose vif remplaça la pâleur de ses joues quand elle reconnut qu'il lui faudrait passer tout près de Georges pour se réfugier auprès de sa mère. Georges ne regardait plus de son côté; on eût dit pourtant qu'il devinait, car il s'inclina en se retournant à demi, avec toute la gaucherie timide d'un échappé de collége, et se perdit incontinent dans la foule des auditeurs de M. le vicomte.

Hélène s'élança vers sa mère, qui n'avait même pas remarqué son absence.

— Ma belle cousine, dit Henri de Villiers en l'apercevant, je serais curieux de savoir si vous partagez l'incrédulité générale.

Hélène pensa qu'il serait trop long de dire qu'elle

n'avait rien entendu du récit de M. le vicomte, et pourquoi.

— Quand maman m'a permis de lire certains romans de voyages et d'aventures qui refont Robinson Crusoé, mon cousin, répondit-elle, cela m'a tant amusée que je n'ai jamais songé à me demander si toutes ces belles choses étaient vraies ou inventées à plaisir.

Le vicomte salua. Georges Leslie venait de s'accouder à la tablette de la cheminée. Au son de la voix d'Hélène, il changea de couleur, comme si on l'eut assailli à l'improviste.

— Je passerais ma vie entière à écouter mon cousin, dit madame la marquise de Boistrudan avec conviction ; vit-on jamais de pareilles histoires !

— Si M. de Villiers voulait publier cela, ajouta un vicomte qui avait édité quelques poésies légères dans un journal de dames, ce serait un succès fou !

— Extravagant !

— A vingt éditions, comme M. d'Arlincourt !

Henri eut un sourire orgueilleux.

— Je ne raconte mes voyages qu'à mes amis, répondit-il. Ecrire, c'est trop causer avec le lecteur. Je trouve le monde des lecteurs beaucoup trop mêlé pour causer avec lui, sans choisir.

Disant cela, il quitta la pose d'orateur qu'il avait

gardée jusqu'alors, et fit mine de s'asseoir. Un mouvement de désappointement courut de groupe en groupe.

— Vous le voyez, mon cousin, s'écria la marquise ; personne ici ne vous tient quitte encore.

— Une histoire, monsieur le vicomte, une histoire! quêtèrent trois ou quatre voix de femmes.

— Quand je vous dis que j'ai vu, de mes yeux vu, répartit M. de Villiers, vous criez à l'exagéra- et au mensonge! Vous autres, Parisiens, qui n'avez jamais perdu de vue les tours de Saint-Sulpice, si ce n'est pour aller faire une pointe à Wiesbaden ou passer la moisson dans vos terres, vous êtes tout naturellement incrédules...

— C'est le fait de l'ignorance, interrompit une vicomtesse en souriant; nous vous offrons notre *meâ culpâ*, mais contez-nous une histoire.

— Nous croirons tout désormais, ajouta le chœur.

— S'il y avait ici, reprit Henri, quelqu'un qui pût me contrôler, je serais bien plus à mon aise, mais je vous parle de mœurs si complétement inconnues...

— Ne jurez de rien, vicomte, dit le général O'Brien qui lui toucha l'épaule par derrière.

— Bah! fit M. de Villiers, est-ce que vous revenez aussi des Montagnes Vertes, mon excellent ami?

— J'ai vu quelqu'un qui en revient, répliqua le général, et je dis cela d'autant plus volontiers que ses récits concordent exactement avec les vôtres

Les traits du vicomte Henri se contractèrent imperceptiblement pendant qu'il disait:

— Comment se nomme votre voyageur?

— Georges Leslie, répondit le général.

Hélène qui était assise auprès de sa mère, se retourna vivement et malgré elle pour regarder Georges. Les yeux de Georges se fixaient maintenant sur le vicomte Henri avec cette ténacité que nous leur connaissons. Il se tenait droit et immobile au coin de la cheminée. L'expression de son visage était si étrange, qu'Hélène resta, bouche béante, à le regarder.

— En vérité, en vérité! s'écriait cependant Mme la marquise, M. Georges Leslie a vu ces merveilleux pays? Alors, il va nous dire aussi ses aventures!

A ce nom de Georges Leslie, le vicomte Henri avait respiré comme s'il eût craint d'entendre prononcer un autre nom. Il reprit son air souriant, et, faisant comme tout le monde, il regarda l'étranger. Celui-ci avait eu le temps de détourner les yeux.

— Je n'ai point d'aventures, madame, répondit-il, ou, du moins, mes aventures se peuvent dire en deux mots : je suis allé là-bas chercher de l'or, je n'en ai pas trouvé.

Ces quelques paroles furent prononcées péniblement et d'un accent timide.

— Voyez le sort! fit le vicomte Henri ; moi qui n'en cherchais pas, j'en ai trouvé des tonnes!

La curiosité, un instant excitée par l'étranger, tomba à plat. On jugea qu'il ne valait pas la peine d'être examiné davantage. Il y a voyageurs et voyageurs. Ce grand garçon, qui ne pouvait parler sans que le rouge lui montât au visage, fut jugé du premier coup sans appel. La marquise se retourna. Au moment où Hélène allait faire de même, ses yeux se croisèrent pour la seconde fois avec ceux de Georges Leslie, et pour la seconde fois, elle s'étonna d'éprouver un sentiment de crainte.

— Une histoire ! une histoire ! reprit le chœur des vicomtesses curieuses.

Henri passa ses mains sous les basques de son habit noir. C'est le signe qui veut dire : Ecoutez ! Un murmure de contentement fit le tour du boudoir.

— Je suis on ne peut plus satisfait d'avoir un témoin, dit le vicomte Henri. M'est-il permis de demander à M. Georges Leslie de quel côté des montagnes il a opéré ?

— Des deux côtés, répondit Georges.

— Au nord ou au midi du Sacramento ?

— Au midi et au nord.

— Partout, alors ?

— Partout.

Le vicomte Henri s'inclina en souriant et ouvrit son habit, dans la poche duquel il prit une sorte de poignard à gaîne de paille nattée de forme très-grossière, mais dont le manche, en corne noire, était chargé d'une profusion d'ornements.

— En ce cas, dit-il, M Georges Leslie doit connaître ceci ?

Georges avança le corps comme s'il eût voulu s'élancer vers le vicomte, il se contint et répondit froidement :

— C'est un *golden-dagger*.

Henri dégaîna le couteau ; la lame, large et tranchante, était d'acier, damasquinée d'or. La monture était d'or massif.

— Montrez, montrez ! cria-t-on de toutes parts.

Henri offrit le couteau à la marquise, qui le fit passer de mains en mains. Le couteau arriva ainsi jusqu'à Georges ; il le prit et l'examina.

— C'est le *golden-dagger* d'un chef, dit-il.

Sa parole était calme ; personne ne remarqua l'extrême pâleur de ses joues.

— Qu'est-ce que c'est qu'un *golden-dagger?* demanda la marquise.

— Vous le voyez, répondit Henri, un couteau d'or. Les gens qui se servent de cette arme-là sont des lions.

— Lions et tigres ! murmura Georges.

— Ceci est leur griffe, poursuivit Henri en reprenant le couteau des mains du général O'Brien ; je vais vous raconter comment j'ai arraché cette griffe de lion.

II

M. BENOIT

Il se fit autour du vicomte Henri de Villiers un soudain silence. Georges Leslie s'était adossé contre la boiserie et croisait ses bras sur sa poitrine.

Le vicomte commença :

— La première fois que j'entendis parler du *golden-fever*...

— Permettez, interrompit la marquise, parlez en français le plus que vous pourrez : *golden-fever* veut dire ?

— Fièvre d'or.

— Tout est d'or en ce pays-là ! s'écrièrent ensemble trois beaux esprits, étonnés de se rencontrer et tous vicomtes.

— Grand merci, cousin, dit la marquise ; continuez, je vous écoute.

— La première fois, reprit le vicomte, que j'entendis parler de la fièvre d'or, j'étais à chasser le bison dans la plaine, au-delà des monts Alleghany, vers l'extrémité nord de l'Ontario. Beau pays ! Cooper en a fait des descriptions ravissantes ; mais, là-bas, la nature est bien au-dessus des descriptions de Cooper.

J'avais quitté Baltimore quinze jours auparavant et je comptais n'y retourner qu'à la saison des pluies. J'étais là non-seulement pour mon plaisir, mais aussi par économie.

J'avais calculé qu'en vivant de l'air du temps ou à peu près pendant six ans, je pourrais réparer les brèches faites à mon patrimoine. Vous souriez, général : je vous recommande cette manière de chercher de l'or, qui vaut bien le barrage des Pactoles californiens et les machines à laver la boue.

Ce fut un Français qui nous raconta les miracles de l'or, la naissance de San-Francisco, qui, tout à coup, était sorti de terre dès que le joug mexicain s'était retiré de ce sol opulent ; les fortunes féeriques qui s'étaient opérées le long du rio del Sacramento, la folie qui prenait à la fois l'Amérique et l'Europe. Ce français se nommait Benoît Lyon. Il était de la commune de Montmartre, près Paris. Je l'ai eu pendant dix-huit mois pour domestique, là-bas. Maintenant, c'est un bourgeois ; il habite Montmartre, sa ville natale ; il s'est fait propriétaire, tout en haut de la butte, dans la rue Sᵗ-Denis, où il loue, l'été, des cabanes aux boutiquiers avides de grand air. C'était un bon garçon, un peu coquin, et qui doit prendre fort au sérieux son métier de propriétaire.

Benoît gagnait sa vie, sur les bords du Sᵗ-Laurent, à chasser le castor ; c'est une industrie modeste. Quand je lui dis : « Je veux voir l'Orégon, la Sonora, la frontière mexicaine et le reste, » Benoît répliqua d'emblée :

— Monsieur aura besoin d'un domestique. J'ai servi un général canadien là-haut, du côté du fort Souris, quand je fus obligé de quitter notre France. Si monsieur veut prendre des renseignements auprès du général, le général demeure maintenant un peu au-delà de la rivière d'Albany, dans le gouvernement de la Nouvelle-Galles...

C'était une affaire de quelques centaines de lieues. J'eus l'indiscrétion de lui demander ce qui l'avait forcé à quitter notre chère France ; il sourit et me répondit en clignant de l'œil :

— Dans ces diables de pays, à l'ouest, il fait bon avoir avec soi un homme qui connaît plus d'un métier.

Vous auriez peut-être repoussé ses offres, moi je les acceptai. Il m'a suivi comme mon ombre, non point par dévouement, sans doute, mais par intérêt, et, tout en me servant à peu près, il a ramassé en chemin assez de petits morceaux d'or, monayés ou non, pour acheter sa bicoque. Il était hardi, agile, menteur, larron. Un valet fait autrement ne m'aurait pas convenu.

Demandez à M. Georges Leslie, mesdames, quelle figure feraient nos valets de chambre parisiens dans ce pays d'enfer...

— Je n'ai jamais eu de valet de chambre dans mes voyages, dit Georges doucement.

Ces dames étaient trop bien nées pour sourire. Il y eut seulement un froid. Le vicomte poursuivit :

— Vous sentez bien que ce qui m'attirait vers l'ouest ce n'était pas l'idée de ramasser des petits cailloux d'or au fond des torrents. Je ne méprise pas l'or, Dieu m'en garde ! mais la crédulité n'est pas mon défaut dominant : je n'ajoutais qu'une foi médiocre aux récits qui couraient. Ce qui me séduisait, c'était le drame joué, de l'autre côté du continent américain, par ces fous et ces furieux. Je voulais voir cette danse macabre des temps modernes. L'enfant, le jeune homme, l'homme mûr, le vieillard, la femme, le pasteur, car on parlait de ministres américains qui avaient déserté leur paroisse pour courir après les pépites ; je voulais voir tous ces gens-là dans leur délire, plongeant au fond des fleuves, grattant le sol avec leurs ongles, bravant la faim et la soif, le chaud et le froid, travaillant jour et nuit, souffrant nuit et jour, mais joyeux dans leur exaltation insensée, et jetant jusqu'au ciel ce grand cri de la démence humaine : « De l'or ! de l'or ! de l'or ! »

Ces carmagnoles ne se dansent pas tous les jours. L'Eldorado tourna jadis la tête des Espagnols ; la rue Quincampoix vit la France ivre au temps de Law, et vous savez tous l'histoire de ce comte de Horn, cousin du régent Philippe d'Orléans, qui assassina un agioteur heureux dans un cabaret borgne de la rue de Venise pour lui voler son portefeuille. Ce sont des occasions qu'il faut saisir. J'aime à voir la tragédie ailleurs qu'au théâtre, où elle m'ennuie.

On nous parlait de luttes épiques, de bataillons armés de pioches, qui se précipitaient l'un contre l'autre, effrayant de leurs cris l'immense solitude. Les indiens sauvages que j'avais cherchés vainement dans les monts Alleghany et autour des lacs, je devais les trouver dans l'ouest. C'était un monde nouveau où l'usage avait force de loi, où chacun demandait justice à son couteau ou à sa carabine ; un monde vaillant comme la chevalerie, fourbe encore plus que la Bourse ; un monde qui mêlait tout dans son matérialisme effronté, le vice et la vertu, l'or et le sang. Un vrai monde !

Benoît vendit sa hutte et ses peaux à un trappeur de la plaine. Nous gagnâmes Baltimore, où je voulais m'équiper pour le grand voyage, et, une fois pourvus des objets nécessaires, nous partîmes par une belle matinée d'automne. Je me souviens que le soleil se levait derrière le cap Charles, qui ferme la baie de Chesapeack. Nous étions à cheval. Avant d'arriver à la rivière Potomac, je me retournai pour voir encore une fois la grande et populeuse cité qui s'inondait de lumière. Les bateaux à vapeur sillonnaient le fleuve. A droite et à gauche, les locomotives passaient, soufflant court et jetant à de longs intervalles leur gémissement aigu.

— Une fois passé les monts, me disait Benoît, nous ne serons plus gênés par ces bruits-là !

Benoît avait hâte de fuir la civilisation : la fringale des aventures le prenait.

Le soir du second jour, nous arrivâmes à Marietta,

où nous devions prendre le bateau à vapeur pour descendre l'Ohio, puis remonter le Missouri jusqu'au Grand Détour, traversant ainsi sans fatigue la meilleure partie du continent.

Le bateau à vapeur était plein de bonnes gens qui s'en allaient tenter la fortune en Californie. Tous ces Jasons américains ne parlaient que de la Colchide, et rêvaient tout éveillés de la Toison d'or. Nous avions là le prologue comique du grand drame auquel nous allions assister.

Les émigrants étaient, pour la plupart, des gens à projets, des esprits tortus, des *inventeurs;* un tiers appartenait au petit commerce des États-Unis. Il y avait parmi eux des têtes à peindre. Je n'exagère pas en disant que sur ce bateau à vapeur chacun avait son moyen particulier de trouver de l'or.

Naturellement, personne ne voulait dire son secret, mais la plupart ne demandaient pas mieux que de le vendre. Les uns possédaient de grandes caisses solidement fermées, qui contenaient des tamis d'un nouveau genre, des machines à percussion pour bluter le sable, des mécaniques à draguer, des mortiers, des creusets, des fourneaux.

Je me souviens d'un mercier de Philadelphie qui emportait avec lui une petite boussole qui était fée, et qui devait se trémousser chaque fois qu'on la poserait sur un gisement aurifère.

Le brave mercier n'en demandait qu'un pauvre million de dollars, pour élever sa famille.

Un soir, Benoît me dit :

— J'ai envie de gagner quelques sous ici, sur le bateau. J'espère que cela ne contrariera pas monsieur ?

— Si votre industrie est honnête... répondis-je.

Benoît me jura ses grands dieux que tout commerce déloyal lui faisait horreur.

A dater de ce moment, je le vis entrer en relations suivies avec la cambuse des matelots et aussi avec l'office ou cuisine des passagers ; il achetait aux employés du bateau toutes les bouteilles vides. Ma cabine en fut bientôt encombrée. Quand je lui demandai ce qu'il voulait faire de tout cela, il me répondit en souriant :

— J'ai dit à monsieur que j'avais envie de gagner quelques sous ici, sur le bateau. Monsieur verra !

Je pus m'apercevoir bientôt que mon domestique inspirait un certain intérêt sur le navire. Deux ou trois fois j'entendis les passagers chuchoter entre eux :

— Le valet de chambre du gentleman a un moyen... un moyen infaillible !

Je restais parfois fort avant dans la nuit assis contre le plat-bord, et contemplant le fleuve immense où notre steamer semblait glisser comme un gigantesque traîneau sur la glace. Quand les passagers s'étaient retirés l'un après l'autre, et que la solitude régnait sur le pont où demeuraient seulement les hommes de manœuvre et le timonier, Benoît se glissait souvent hors de l'écoutille, et venait, lui aussi, respirer le frais.

En respirant le frais, il se livrait à une singulière besogne.

Je le voyais porter un grand panier sur la plateforme triangulaire qui est derrière la roue. Il tirait un à un plusieurs objets de son panier, et les plongeait tour à tour dans le fleuve à l'aide d'une ficelle. Ceci fait, il reprenait son panier, qui semblait beaucoup plus lourd et regagnait le petit réduit où il couchait, auprès de ma cabine.

— Monsieur, me demanda-t-il un matin en m'habillant, je vous prie d'excuser la liberté que je prends. Voulez-vous m'obliger ?

— En quoi et comment ?

— Vous avez de la cire à cacheter, moi j'ai des bouteilles ; je voudrais en préserver le contenu du contact de l'air, toujours funeste aux matières volatilisables.

Ce mot scientifique m'épargna la peine de lui demander pourquoi, la veille, j'avais trouvé des taches d'huile sur les feuillets de mon traité de chimie.

Je lui cédai, moyennant un grand merci, la moitié de ma cire à cacheter. C'était la veille du jour où nous devions prendre terre.

Le lendemain, quand on nous eut débarqués, nous et nos chevaux, Benoît se montra d'une gaîté folle. Au bout d'une heure de marche dans la direction du sud-ouest, nous avions déjà perdu de vue le Missouri. L'idée me vient de demander à Benoît ce qu'il avait fait de toutes ses bouteilles.

— Monsieur pense bien que je ne pouvais pas songer à les emporter, me répondit-il.

— C'était bien la peine alors de les cacheter avec tant de soin.

Benoît tira de sa poche un boursicot de cuir passablement gonflé de pièces d'or. Il y avait dedans sept ou huit cent dollars.

— Voilà le prix de mes bouteilles, dit-il avec triomphe.

— Qu'y avait-il dans vos bouteilles, Benoît?

— Monsieur le sait bien, puisqu'il m'a vu les remplir derrière la tonne avec l'eau de la rivière.

— Et vous avez vendu pour quatre mille francs d'eau du Missouri?

Benoît prit un air grave.

— C'était cacheté ! prononça-t-il avec solennité ; j'avais mis sur chaque bouteille une étiquette donnant la manière de s'en servir.

« Versez de cette eau sur le sol : le lendemain matin, si le sol est aurifère, il y aura des paillettes d'or à la surface. » Rien ne prouve, ajouta-t-il sans rire, que ce moyen ne soit pas excellent !

— Il est impayable, votre Benoît ! s'écria la marquise. C'est un coquin de comédie !

— Charmant ! charmant ! murmura-t-on de toutes parts.

La marquise ajouta, en se penchant vers sa voisine :

— Le vicomte a une façon de raconter...

— Inimitable, madame ! répondit la voisine.

— Je crois, conclut la marquise, que ma fille sera bien heureuse, une fois en ménage.

— Comment pourrait-il en être autrement, belle dame, murmura le vieux général O'Brien, avec un homme qui raconte si bien les histoires ?

— Méchant ! fit la marquise.

Puis on se tut pour laisser parler le conteur.

M. de Villiers reprit :

— Nous étions dans la prairie. Le grand romancier américain vous a fait connaître ces steppes immenses du nouveau monde. Je n'ai rien à vous dire de notre voyage équestre, si ce n'est que nous fûmes chassés deux fois par les Sioux à cheval et que nous vîmes de loin, la nuit, un incendie qui semblait couvrir plusieurs lieues de terrain.

Nous avions nos vivres avec nous. Le gibier est, du reste, fort commun dans ces parages. Benoît me disait souvent :

— Si je pouvais seulement transporter quinze ou vingt arpents de ces terrains-là au pied de la butte Montmartre !

Nous atteignîmes les montagnes Rocheuses le cinquante-deuxième jour après notre départ de Baltimore. Nous dûmes laisser nos pauvres chevaux, rendus de fatigue, dans un petit hameau de métis, le dernier de la plaine, et nous franchîmes à pied la première chaîne entre ces deux énormes montagnes, le Pic-Long et le Pic-James, dont la hauteur atteint plus de douze mille toises. Au-delà des montagnes se présente une admirable vallée, coupée à son milieu par le Rio-Bravo del Norte. Les noms ici cessent d'être Anglais pour devenir espagnols ; nous entrons dans le domaine des fils de Cortez, fils dégénérés qui n'ont gardé qu'une des grandes passions de la vieille Espagne: l'avidité insatiable.

L'autre passion des conquérants espagnols du nouveau monde, c'était l'ardent désir de faire pénétrer la foi et sa lumière au fond même des ténèbres de la vie sauvage et l'on peut dire que cette pieuse ambition qui a fait tant de saints et produit tant de résultats civilisateurs, oubliés maintenant par l'ingratitude des hommes, aurait contrebalancé grandement les cruautés des trafiquants de Cadix et de Lisbonne, si d'autres trafiquants plus implacables, les protestants, n'avaient opposé au mouvement catholique l'infécondité de leur erreur.

Nous restâmes deux jours à Santa-Fé pour nous remettre, puis nous gagnâmes la Sierra-Verde, qui seule nous séparait désormais de la terre d'or.

J'arrive tout de suite à notre première aventure dans les montagnes de la Californie, parce qu'elle vous mettra en face de mes bons amis les Goldendaggers, et qu'elle vous apprendra l'origine de l'arme curieuse qui vient de passer en vos mains.

Nous avions suivi pendant huit grands jours, sous un soleil étouffant, les bords du Rio-Colorado, que nous venions de quitter pour diriger notre route vers la Sierra-Névada, dont nous apercevions au loin déjà les sommets couverts de neige. L'aspect changeait rapidement autour de nous. Le sol devenait accidenté et se parsemait de bouquets d'arbres. Bientôt nous commençâmes à monter une sorte de sentier rocheux à la droite duquel roulait un torrent d'eau rougeâtre. Benoît s'arrêta tout à coup ; je le vis pâlir et me montrer du doigt, sans parler, un détour du sentier qui passait au-dessus de nous. Je levai les yeux et je restai bouche béante, non pas effrayé, mais charmé.

Deux beaux jaguars des Cordilières, vifs et gracieux comme des chats, se jouaient au milieu de la route.

— C'est gentil comme ça, me dit le sage Benoît ; mais de près, c'est gros comme deux ou trois chiens de Terre-Neuve, et ça vous assomme un père de famille d'un coup de patte ! vlan !

— Est-ce que vous êtes père de famille, vous, Benoît demandai-je.

Benoît n'eut pas le temps de me répondre. Un coup de carabine retentit dans les roches. Un des beaux jaguars bondit sur place, retomba, se releva, chancela, au bord du ravin, perdit l'équilibre et vint tomber presque à nos pieds.

L'autre lion se ramassa sur lui-même et gagna d'un saut prodigieux les roches d'où le coup de feu était parti.

— Armez votre carabine, Benoît ! dis-je à mon

valet, je crois que nous allons trouver tout-à-l'heure à qui demander notre route.

— *Quien viva?* cria en même temps une voix invisible, mais douée d'un violent accent auvergnat.

— *Amigos!* répondis-je au hasard.

Une décharge de mousqueterie, qui jeta le prudent Benoît à plat ventre, m'annonça le trépas du second jaguar.

En même temps une tête de colonne se montra juste à l'endroit où jouaient naguère les deux nobles animaux. C'étaient pour la plupart des hommes petits et trapus, bronzés comme ces personnages qui sortent des bas-reliefs romains. Ils portaient une sorte d'uniforme : chemise rouge, manteau ou *manga* d'un jaune tranchant, bordé d'un galon noir; pantalon de velours vert sombre, orné à sa couture d'une rangée de boutons d'argent et d'un passepoil jaune; sombrero d'écorce d'arbre à bords énormes, sur une résille pourpre. Ils étaient armés jusqu'aux dents.

A la distance d'une cinquantaine de pas, le chef me mit en joue. Je laissai ma carabine à l'épaule.

— Etes-vous des Américains? me demanda-t-il en méchant espagnol.

— Nous sommes des Français, répondis-je.

Le Mexicain releva sa carabine.

— Il ne restera bientôt plus personne en Europe! dit-il d'un ton chagrin en se tournant vers ses compagnons ; voilà les Français qui s'en mêlent !

Il commanda en même temps : En avant, marche !

La troupe s'avança vers nous.

Je me rangeai poliment pour lui livrer passage. Les vêtements de ces coquins, qui faisaient assez bon effet de loin, ressemblaient, de près, à des haillons. Quand le chef passa devant nous, il nous dit :

— Saluez, senores, je suis l'*adalid* !

Nous saluâmes : il se garda bien de toucher son chapeau d'écorce, qui s'en allait en lambeaux.

Ils étaient à peu près une trentaine. Presque tous avaient de larges chaînes d'or qui contrastaient étrangement avec leurs loques. Au centre de la troupe, quatre hommes portaient sur un brancard un corps humain inanimé dont la tête était enveloppée dans un mouchoir de soie rouge.

— Cet homme est-il mort ? demandai-je.

— Non pas, grâce à Dieu ! répondit l'alferez qui fermait la marche cet homme vaut cent mille piastres comme vous pouvez valoir un écu, seigneur français.

Ce disant, il mit le bout du doigt sur ma gourde,

que je me hâtai de lui offrir. L'instant d'après l'adalid et ses soldats en haillons disparaissaient dans les gorges.

Les deux jaguars avaient été dépouillés de leur peau en un tour de main; leurs cadavres gisaient au milieu du sentier.

— Si les gentlemen veulent se rafraîchir à mon *cot*, nous dit en Anglais une voix gutturale partant d'un joli bouquet d'érables planté au-delà du ravin, il leur en coûtera seulement quatre dollars par tête, et je leur garantis un bon repas... Les Golden-daggers m'ont vendu un quartier de bœuf qui fait envie.

Un quartier de bœuf! Vous figurez-vous, mesdames, ce que ce simple mot *roast beef* fait naître d'idées riantes dans l'esprit d'un voyageur affamé qui traverse les Montagnes-Neigeuses? Nous cherchâmes incontinent un passage pour rejoindre notre homme, qui nous dit:

— Mon *cot* est ici à deux pas, je vous y rejoindrai tout à l'heure.

Le *cot* était une affreuse cabane, sale comme la hutte d'un Esquimau. Le *cotter* hospitalier y fut presque aussitôt que nous. Il portait sous son caban de toile un objet dont nous ne pouvions reconnaître la nature.

— Mettez-vous à votre aise, nous dit-il en passant dans la pièce principale pour gagner le réduit qui servait de cuisine.

Bientôt nous sentîmes une bonne odeur de grillade.

— Qui sont ces gens que nous venons de voir? demandai-je.

— Ce sont les Vecinos de la Sonora, Votre Honneur, répondit notre hôte, déployant toute la richesse de son accent irlandais; l'an passé, ils m'ont emmené ma femme, pauvre créature. J'avais bien de la peine à la nourrir! mais elle me raccommodait et faisait ma soupe.

— La Sonora est loin d'ici?

— Ils ont les jambes longues. Mais sentez-vous cette odeur de rôti, gentlemen?

Les narines de Benoît se gonflaient.

— Et que viennent-ils faire ici, ces Vecinos? demandai-je encore.

— Ce que les Golden-daggers vont faire au Mexique, Votre Honneur. Je me suis informé tout à l'heure auprès d'eux de ma pauvre Peggy. C'était une lourde charge pour moi. Son nouveau maître est ce grand brun qui portait un coin du brancard... Dieu sait comment ils ont fait pour prendre le mayor vivant!

— Qu'est-ce que c'est que le mayor?

— Celui qui était sur le brancard... ou le diable, plutôt, votre Honneur! Le nouveau maître de ma pauvre femme m'a dit qu'il me la ramènerait quand elle aurait cinquante-cinq ans. Est-ce juste et chrétien, cela?

Il sortit de la cuisine, portant quatre ou cinq larges tranches de viande grillée sur un plat de bois.

— Mangez, gentlemen, reprit-il, mangez en toute confiance!

Nous attaquâmes vigoureusement le bœuf vendu par les Golden-daggers. J'ai les dents assez solides; quant à Benoît, il mangerait du cheval de course! Néanmoins, tous nos efforts pour opérer la mastication de cette viande californienne furent radicalement impuissants.

Notre hôte nous considérait de l'œil et causait tant qu'il pouvait.

— Si les gentlemen viennent pour chercher de l'or, disait-il, j'oserai leur donner le conseil de monter au nord. Ici, le pays ne vaut rien... rien! C'est à peine si je gagne ma pauvre vie.

— Mais qu'est-ce que c'est que cette chair-là s'écria Benoît découragé.

J'avais déjà repoussé mon assiette.

— C'est du bœuf, répliqua gracieusement le paddy ; du bon bœuf... un peu dur, parce qu'il a gelé ici dessus les nuits dernières... Oui, oui, le pays est rude, il n'y a rien à faire. J'avais établi mes jalons autour du *claim*[1], et envoyé ma notice à Monterey. J'étais propriétaire de cela, aussi vrai que nous autres Irlandais, pauvres créatures, nous sommes nés pour souffrir ici-bas. Mais les Golden-daggers sont descendus ; ils ont fouillé le sol. Le sable reste, l'or est parti. Que Dieu récompense chacun selon ses mérites ! Peggy disait cela.

Benoît jeta deux dollars sur la table au moment où je me levais.

— Si l'on payait ton bœuf selon ses mérites, bonhomme, dit-il, tu recevrais une volée de coups de gaule.

Le paddy empocha préalablement les dollars.

— Ah ! Jésus-Lord ! s'écria-t-il, qui aurait pu croire que Leurs Honneurs ne seraient pas contents ! De si bon bœuf ! Donnez les six autres dollars, et c'est peu pour de pareille viande, je vous enseignerai les moyens de traverser la montagne sans rencontrer les Golden-daggers.

[1] Littéralement *droit*. C'est le nom donné aux concessions dans les pays d'or.

Benoît mettait déjà la main à sa poche. Je l'arrêtai d'un geste.

— Au contraire, dis-je au paddy, je suis curieux de voir de près ces Golden-daggers. Je te donnerai tes six dollars si tu me montres la route la plus courte pour arriver à eux.

L'Irlandais recula jusqu'à la porte de sa cuisine.

— Curieux, répéta-t-il, curieux ! Je ne voudrais pas dire au gentleman que le démon le possède. Vous ne savez donc pas que les Golden-daggers se soucient de la vie d'un homme à peu près autant que d'un pepin de calebasse ! Curieux !... de vous faire pendre à un latanier, votre Honneur ? ou précipiter du haut d'une roche ? ou couper par morceaux, s'ils sont, comme je le crois, enragés de la perte du mayor ? Non, non, sur ma foi, je ne vous enseignerai pas cela ! ce ne serait pas d'un chrétien... à moins que vous ne me donniez douze dollars au plus juste prix.

Benoît fit un geste d'énergique dénégation, mais je mis les douze dollars sur la table.

— Que Dieu protége Vos Honneurs ! s'écria l'Irlandais ; à ceux qui ont l'idée de se noyer, on ne peut longtemps cacher la rivière. Vous allez prendre le sentier par où les Vecinos sont descendus ; à cinq cents pas d'ici, vous trouverez un grand érable fendu par la foudre. Tournez à droite et suivez la gorge que vous verrez plonger entre les roches. Tenez la gorge jusqu'au lieu où la liane pourpre cesse de pousser entre les arbres : vous serez à moitié chemin. Prenez alors à droite encore et montez la rampe aussi directement que vous le pourrez. Si vous trouvez la neige avant le coucher du soleil, vous pourrez voir la fumée de la grande hutte.

Il ouvrit sa porte, et comme nous nous en allions :

— Je ne vous engage pas à vous reposer dans ma pauvre maison au retour, reprit-il en secouant a tête tristement ; ce serait inutile, et vous ne pourrez dire du moins que vous n'avez pas été prévenus ! Ceux qui montent là-haut ne redescendent pas... Que Dieu protége Vos Honneurs, je vais prier pour le repos de leurs âmes.

Il referma la porte. Au détour du sentier, nous trouvâmes le second jaguar tué par les Vecinos. Il nous fut facile de voir où le bon Irlandais du *cot* prenait sa viande de boucherie : deux longes de chair manquaient aux flancs du jaguar. De si bon bœuf !

— Est-ce que vous avez vraiment fantaisie de rendre visite à ces Golden-daggers ? me demanda Benoît avec une certaine inquiétude.

— Je suis venu pour tout voir, répondis-je; si vous voulez rester à l'abri, j'irai seul.

Nous venions de dépasser le grand érable foudroyé. A notre droite s'ouvrait une chambre sombre comme l'entrée d'une caverne. Benoît hésita un instant.

— Bah! fit-il enfin, on peut s'arranger avec tout le monde, excepté avec les gendarmes. En avant!

III

LA LÉGENDE DU GOLDEN-DAGGER

Ce coquin de Benoît avait décidément du succès parmi les invités de la marquise. C'est étonnant comme les gens honnêtes aiment ceux qui ne le sont pas. Tout le monde s'était assis, sauf le vicomte Henri et M. Georges Leslie. Mais, que ce dernier fût assis ou debout, peu importait; personne ne faisait attention à lui. Hélène elle-même ne pouvait plus le voir, parce que le vieux général O'Brien était venu se placer derrière sa chaise.

Georges Leslie, du reste, semblait profondément

attaché par le récit du vicomte. Il le suivait avec une attention extraordinaire, et deux ou trois fois l'énergique expression de son visage avait changé. Puisque M. Georges Leslie avait, lui aussi, habité ces contrées de l'Amérique occidentale, on ne doit pas s'étonner de l'intérêt que faisait naître en lui la narration du vicomte.

Sans rechercher les passages qui l'avaient particulièrement frappé, nous dirons qu'au moment où Villiers avait parlé de ce personnage désigné sous le nom du *mayor*, et que les Vecinos de la Sonora emportaient sur une civière, la tête enveloppée d'un lambeau de soie rouge, M. Georges Leslie baissa les yeux, tandis qu'une nuance écarlate montait pour un instant à sa joue.

— J'ai peur de vous ennuyer, mesdames, dit le vicomte avec une orgueilleuse modestie.

— Nous ennuyer ! se récria la marquise.

Le boudoir entier protesta chaleureusement, et la marquise ajouta :

— Henri, puisque cet original de Benoît demeure à Montmartre, vous nous mènerez le voir, n'est-ce pas ?

— Le fait est, dit-on de toutes parts, que ce Benoît est un divertissant personnage.

— Je suis toujours à vos ordres, répliqua Henri en saluant la marquise.

Puis il poursuivit:

— Nous voici donc engagés dans cette gorge. Au bout d'une heure de marche, la liane pourpre s'enlaçait toujours aux arbres, mais les arbres eux-mêmes changeaient d'essence, et la température baissait si rapidement que je voyais Benoît frissonner, malgré la fatigue de la marche.

Nous vîmes enfin les deux rampes énormes entre lesquelles nous marchions s'évaser par le haut, puis s'ouvrir.

Les lianes mortes pendaient aux branches,

L'horizon s'élargit tout à coup. Au devant de nous, la montagne descendait en bondissant jusqu'au sol même de la Nouvelle-Californie; à gauche, un bois de cyprès nains couvrait une pente douce, vous eussiez dit de loin un vignoble; à droite, la montagne grimpait à pic; son flanc rocheux disparaissait encore sous un tapis épais de fraisiers désséchés par un vent d'ouest. Sur ce vêtement fauve, la raquette d'hiver, épanouissait çà et là sa fleur éclatante.

Les arbres manquaient. A peine quelques buissons épineux dont la racine patiente avait défoncé le roc se montraient-ils de temps à autre.

Le froid augmentait, mais la sueur découlait maintenant de nos fronts, tant la montée était rude Le soleil, plus rouge, s'inclinait déjà vers l'horizon.

— Ce chemin est plus dur que celui du paradis! grommelait Benoît; et dire que nous allons chez le diable!

Le tapis de fraisiers s'éclaircit, puis disparut. Nos pieds glissèrent sur la terre grasse détrempée par les infiltrations de la neige fondue. Bientôt le lichen, d'un blanc glauque et brillant, s'étendit autour de nous.

Le jour baissait sensiblement quand nous atteignîmes le premier plateau couvert de neige.

A cause des vents du nord-ouest, dont le souffle est glacial, le niveau des neiges descend beaucoup plus bas dans la sierra californienne que dans les deux grandes chaînes des Montagnes-Rocheuses.

Depuis que nous avions quitté la hutte de l'Irlandais au si bon bœuf, nous n'avions rencontré aucune trace humaine. Le plateau nous en fournit, au contraire, de nombreuses. C'était là, selon toute apparence, que s'était livrée la lutte entre les Couteaux d'or et les Vecinos mexicains.

Deux cabanes incendiées, dont l'une fumait encore, formaient deux larges trous noirs au milieu du tapis blanc. Tout à l'entour, la neige foulée et piétinée gardait des traces de sang.

Quatre cadavres y avaient laissé leur empreinte si parfaitement moulée que si cette neige eût été de la terre à fondeur, on y aurait pu couler des moitiés de statues.

Au-delà du plateau était un petit vallon planté de pins rabougris, puis la montagne continuait, aride et blanche, présentant la forme d'un cône qui se renflait à ses flancs et dont le centre formait une niche géante.

On ne voyait point de huttes dans ce renfoncement, mais plusieurs colonnes de fumée en sortaient.

Ce qui nous frappa surtout dans l'aspect de ce lieu, ce furent deux roches placées en avant de cette anfractuosité, qui semblait avoir servi de colonne à la portion éboulée de la montagne. Elles étaient là, présentant à leurs sommets jumeaux des plates-formes pareilles; l'idée venait à l'esprit que ces deux piédestaux attendaient chacun sa colossale statue.

Comme nous allions nous engager dans le vallon, Benoît s'arrêta et me serra le bras tout à coup.

Je suivis la direction de son œil, qui plongeait parmi les troncs noirs des pins. Je vis dans l'obscurité qui régnait déjà sous le couvert, deux yeux brillants et rouges comme des charbons ardents.

Je saisis ma carabine, croyant au premier abord que c'était une bête fauve.

Un son guttural monta jusqu'à nous; en même temps, une forme humaine se mit à bondir entre les arbres. Nous la perdîmes de vue presque aussitôt, mais j'avais pu distinguer la face sanglante et bizarrement tatouée d'un Indien.

— Si monsieur veut, me dit Benoît avec calme, nous allons repasser le plateau; il en est temps encore. Nous nous accroupirons, comme font chez nous les enfants pour glisser du haut en bas de la butte Chaumont, et nous arriverons dans la gorge avant que ce coquin de peau-rouge ait donné l'éveil.

Benoît se trompait. Une voix rauque sortit du couvert et nous envoya le « qui vive! » américain :

— *Who goes there?* (qui va là!)

— Gentilhomme français! répondis-je dans la même langue.

— *French gentleman indeed? go on!* (Gentilhomme français, vraiment? Avancez!)

Il n'y avait plus à hésiter. Benoît prit sa carabine sous son bras, comme un parapluie, et siflota l'air du *Larifla*.

— La dernière fois que j'ai bu un bock à l'Élisée-Montmartre, me dit-il, du diable si je songeais à ce qui va nous arriver aujourd'hui ! Probablement que c'était écrit, comme disait le vieux Turc qui vendait du nougat de Constantine sur le boulevard Poissonnière. Ça avait assez bonne mine ce nougat, mais cela ne valait rien du tout ! Et le Turc était né rue Mouffetard.

Nous ne rencontrâmes personne sous le couvert, personne au bas de la montagne.

Je dois avouer que l'arrivée d'un gentilhomme français dans le camp des couteaux d'or ne semblait pas produire le moindre effet.

A mesure que nous avancions cependant, les bruits humains devenaient plus sensibles. On causait, on chantait : quand la brise donnait de notre côté, nous croyions reconnaître les sons d'un violon.

Nous étions à deux ou trois cents pas des deux roches symétriques dont j'ai parlé, lorsque nous fûmes tout à coup témoins d'un spectacle qui nous frappa de stupéfaction.

Les piédestaux gigantesques avaient chacun sa statue.

Un homme venait de se montrer sur chaque plate-forme.

Tous deux étaient armés de carabines.

L'un avait les jambes nues et portait une courte manga mexicaine, peut-être un trophée de la dernière bataille ; l'autre avait un pantalon de marin et un justaucorps de toile.

Entre les deux roches, un troisième personnage vint se placer.

— Je joue ma manga contre les culottes de Tony ! dit l'homme aux jambes nues d'une voix ferme et distincte.

— Je joue mes culottes contre la manga de Sam, répliqua le matelot.

Il ôta son pantalon qu'il jeta au bas de la roche ; Sam fit de même pour son manteau.

Le personnage qui était resté entre eux deux prit les enjeux et demanda :

— Est-ce de bonne amitié et de bonne foi ?

— C'est de bonne amitié et de bonne foi, répondirent Tony et Sam en même temps.

— Allez ! dit le témoin.

Sam et Tony se mirent en joue. Deux coups partirent à la fois.

Sam resta debout.

Tony tomba tête première au bas de la roche. La balle de Sam lui avait brisé l'os frontal.

Sam descendit paisiblement et chaussa le pantalon séance tenante...

Il y eut ici encore un grand murmure d'incrédulité dans l'auditoire de M. de Villiers.

— Chut! chut! fit la marquise.

— Pour un pantalon... protesta une vicomtesse.

— Tuer un homme! ajouta une deuxième vicomtesse...

— Cela se fait ainsi dans la Sierra-Nevada, mesdames, dit le vieux général O'Brien. Je ne connais rien de plus véridique au monde que les impressions de voyage. Si vous doutez, je vous engage à y aller voir.

— Bon! s'écria Henri de Villiers; me voilà encore accusé de mensonge!

— Mais du tout! répliqua la marquise; seulement, ces dames n'ont aucune idée des mœurs extraordinaires!...

— Excusez-moi si je vous interromps, ma chère cousine, dit Henri; nous avons maintenant un témoin, M. Georges Leslie... Monsieur Georges Leslie, avez-vous vu, je vous prie, quelque chose de semblable dans l'Ouest-Amérique?

Georges se tourna vers lui avec politesse et répondit froidement:

— Monsieur le vicomte, j'ai vu non-seulement

quelque chose de semblable, mais j'ai vu la chose même que vous dites.

Un mouvement très-vif de surprise eut lieu sur la physionomie d'Henri de Villiers.

— Vous y étiez? demanda-t-il d'une voix mal assurée.

— Pas ce jour-là, répliqua Georges en souriant.

Le vicomte respira. On s'était retourné vers Georges, qui grandit tout à coup de dix coudées parce qu'il ajouta:

— Je suis monté moi-même sur une de ces roches. Ce n'était ni pour un pantalon ni pour un manteau.

— Et sur l'autre roche? demanda la marquise pendant qu'Hélène prêtait l'oreille.

Les dames, dit-on, aiment à l'adoration ce petit frisson d'horreur qui les prit en écoutant les paroles de Georges.

Georges répondit:

— Dans toute société naissante, il y a le jugement de Dieu. Là où la loi est impuissante, le duel est parfois un devoir. Sur l'autre roche, il y avait un homme... Cet homme est mort.

Il se tut.

Les dames commençaient à trouver que ce singulier visage, ce grand front, ce profond regard avaient un très-remarquable caractère.

Les vibrations de la voix de Georges Leslie remuaient quelque chose en elles.

Hélène seule ne manifestait aucun émoi.

— Après, mon cousin, après? dit la marquise insatiable.

— Il me reste bien peu de chose à vous dire, répliqua Henri qui restait préoccupé; j'avais la tête folle en ce temps-là. Le début de l'aventure me plaisait. Je dis à Benoît, qui pour le coup était tremblant: « Avançons! »

— S'ils se tuent comme des mouches entre eux, grommela-t-il, que doivent-ils faire aux étrangers?

— L'Irlandais vous avait prévenu, répondis-je.

Benoît reprit son larifla où il l'avait laissé et me suivit.

On nous laissa pénétrer jusqu'au centre du campement, marqué par une tente assez vaste. C'était une sorte de village composé d'une douzaine de cahutes; il y avait, en outre, des habitations souterraines. Deux hommes jouaient au tric-trac, couchés sur un tapis étendu dans la neige même. L'un d'eux portait sur son bras un galon de sergent.

A l'entrée de la tente, je reconnus l'Indien qui avait dû donner l'éveil.

Entre les deux joueurs, il y avait un tas de poudre

d'or et des lingots. Par terre, je vis une petite balance.

— Ah! ah! fit le sergent, qui me toisa brutalement de la tête aux pieds; vous êtes le gentleman français, vous? je vais vous dire une chose: ce coquin de Gallois m'a gagné mes dix dernières onces! Me voilà gueux comme devant. Que le diable t'emporte, Gallois, je te tuerai un jour ou l'autre!

Le Gallois glissait paisiblement la poudre d'or et les lingots dans son sac de cuir.

— Veux-tu jouer à crédit, Nick? lui demanda le sergent.

— Non, répliqua l'autre.

— Ma vie contre dix onces?

Le Gallois haussa les épaules et se leva.

— Je gagnerais! je suis sûr que je gagnerais! s'écria le sergent qui grinçait des dents; avec ces dix onces, j'en rattraperais cent!

Quelques Golden-daggers étaient sortis de leurs huttes au bruit de la discussion. Les Vecinos de la Sonora que nous venions de voir au bas de la montagne avaient des figures de petits saints en comparaison de ceux-ci.

— Qui veut me prêter dix onces d'or? hurla le sergent; dix onces pour vingt? pour trente? pour cinquante!

Le démon du jeu le piquait jusqu'à la frénésie.

— Au revoir, sergent Saunders! dit le Gallois pliant bagage.

— Reste, au nom de ta peau! Vas-tu rester, misérable! Que pourrais-je donc bien jouer contre ce bandit?

— Ah! s'écria-t-il en se ravisant, reste, Nick, je te joue le gentilhomme français et son valet contre dix onces!

Les Golden-daggers, qui nous entouraient, se mirent à rire. Le Gallois nous regarda en dessous pour voir si nos poches pouvaient valoir dix onces d'or. Il fut satisfait de l'examen sans doute, car il se rassit et mit sur la couverture dix onces d'or, pesées dans la balance: le tout sans mot dire.

La partie commença. J'avais croisé mes bras sur ma poitrine et je suivais les coups en tâchant de garder mon calme.

Le Gallois gagna.

Saunders le sergent brisa le tric-trac d'un coup de poing et dit:

— Tu as dû tricher, Gallois maudit! Paye-toi!

Nick vint à moi, sans façon, pour fourrer ses mains dans mes poches. Je le tins à distance de la main gauche; de la droite, je pris un pistolet à ma ceinture. Nick était armé.

— Ah! chien! dit-il, tu ne veux pas payer les dettes du sergent Saunders!...

Je n'attendis pas. Au moment où il levait son pistolet, le Gallois Nick tomba aux pieds de son sergent, la tête fracassée par ma balle.

Aussitôt vingt carabines furent braquées sur ma poitrine.

Benoît fit le signe de la croix pour la première fois depuis longtemps, sans doute.

Le sergent Saunders regarda Nick renversé, puis il tint son regard fixé sur moi.

— La paix, vous autres! dit-il; qu'auriez-vous fait à la place du gentilhomme français?

Quelques carabines reposèrent leurs crosses dans la neige, mais trois ou quatre entêtés continuèrent de me tenir en joue.

— Nick portait le couteau d'or! murmuraient-ils; la mort de Nick doit être vengée!

— La paix, vous dis-je! répéta Saunders.

Il prit le sac de poudre d'or pendu à la ceinture de Nick et le mit dans la balance.

— Cent trente-cinq onces! fit-il, c'était un voleur, c'était un Gallois, il trompait au jeu... Bas les carabines!

— Mon officier, dis-je en armant mon second

pistolet, lequel de ces drôles qui raisonnent voulez-vous que j'abatte?

Il sourit parce que je l'avais appelé officier.

— Voulez-vous prendre le couteau d'or de Nick, vous? me demanda-t-il.

— Pourquoi non? répondis-je sans hésiter.

Saunders mit le sac du Gallois à sa ceinture.

— Adjugé! fit-il, vous êtes des nôtres. On vous lira le rituel ce soir... à la soupe!

Ici M. le vicomte Henri de Villiers exhiba de nouveau son coutelas à manche de corne noir et à lame dorée.

— Voici l'héritage du Gallois, reprit-il, et M. Georges Leslie ne s'est point trompé en disant que c'est le couteau d'un chef. Nick avait mené une expédition avant l'élection du dernier mayor...

Ce soir-là, j'eus l'honneur insigne de souper côte à côte avec le sergent Saunders, et quelques jours après, mon domestique et moi nous faussâmes compagnie aux Golden-daggers pour nous diriger vers les placers du Rio del Sacramento.

Le vicomte se tut et prit un siége.

Un silence se fit dans le boudoir de la marquise.

La fin de l'histoire, pour employer un mot de théâtre qui est devenu un mot parlementaire, *ratait* complétement son effet.

Il y avait pour cela plusieurs raisons ; d'abord, ce n'était pas un dénoûment ; en second lieu, le meurtre du Gallois manquait de ses excuses tirées de la passion qui font tout pardonner. Avec quelques mots de plus et une mise en scène un peu moins terne, M. le vicomte de Villiers eût fait trépigner son auditoire.

Ces dames étaient tentées de plaindre le pauvre Gallois.

Nous l'avons dit, le vicomte était préoccupé : c'est pour cela qu'il avait négligé sa mise en scène. Si quelqu'un avait eu intérêt à scruter, en ce moment, sa conscience, peut-être ce quelqu'un-là eût-il trouvé un commencement de lumière dans les dernières paroles du vicomte, qui dit en se rasseyant et très-négligemment :

— Avez-vous ouï parler de cela, monsieur Leslie ?
— Oui, répondit Georges.

Chose singulière, cette laconique réponse impressionna le cercle plus vivement que le récit lui-même. Je ne sais quel vent romanesque souffle parmi ceux qui sont rassemblés pour écouter des histoires. Sans que personne se fût consulté avec son voisin, chacun eut comme une vague saveur de drame dans l'esprit.

Le prologue mystérieux s'était joué là-bas au-delà de la mer; la mystérieuse action se poursuivait-elle ici au grand jour de la civilisation parisienne?

La marquise seule était contente, la fanatique marquise!

— Remerciez donc M. le vicomte, mesdames! s'écria-t-elle, indignée de la froideur de son cercle; voilà ce que j'appelle des aventures saisissantes! Mais permettez-moi une question, mon cousin, vous ne nous avez pas dit pourquoi ces coquins s'appellent les Couteaux d'or.

— Je l'ignore absolument, ma cousine. J'ai peine à croire qu'il y ait un motif à cette appellation bizarre...

— Vous vous trompez, monsieur le vicomte, dit Georges Leslie; cette appellation bizarre, a une cause.

— Vous la connaissez?

— Je la connais.

— Monsieur Georges Leslie, dit Henri, je crois être l'interprète du désir de ces dames en vous priant de nous renseigner à cet égard.

— Certainement! certainement! s'écria la marquise, qui se tourna aussitôt vers Georges.

— Que ne me disiez-vous, ajouta-t-elle avec

reproche en s'adressant au général, que votre protégé savait des histoires?

— Peut-être ne les a-t-il jamais contées, belle dame, répliqua le vieillard.

Georges rougit, comme toujours, quand il voyait un cercle de regards fixés sur le sien.

Mais il domina bien vite ce trouble et commença d'un ton simple et précis:

— Dans la montagne Neigeuse, on raconte ainsi la légende du *Golden-dagger:*

Vers la fin du siècle dernier, il y avait à la place où est maintenant le campement du mayor et de ses compagnons, un village d'Indiens Pawnies. Leurs pères avaient été rejetés au delà des Cordillières par les pionniers anglais. Ils étaient nombreux. Leurs troupeaux de chevaux demi-sauvages passaient des deux côtés de la montagne, et leurs chasses s'étendaient jusqu'au Colorado.

Leur chef était un grand guerrier qui avait nom Aganiz.

La Nouvelle-Navarre avait alors pour vice-roi le duc de Médina Sidonia.

Les Pawnies Blancs (nos Indiens s'appelaient ainsi) gardaient sa frontière contre les incursions des Anglais et même des autres Indiens. Ils le nommaient leur père. Aganiz avait été fumer le calumet de paix dans la ville de San-Diégo où était le palais du vice-roi.

Un jour, les soldats de la Nouvelle-Navarre vinrent prendre au *lazo* les chevaux des Pawnies. Deux députés furent envoyés au vice-roi pour demander justice.

Ces Pawnies-Blancs étaient une race hautaine; leurs députés parlèrent trop fièrement. Le vice-roi, offensé, les fit battre de verges.

Quand on apprit cela dans la montagne, Aganiz fit allumer un feu au sommet de ce mont qu'on appelle maintenant le Golden-dagger.

La nuit suivante, deux cents Pawnies étaient réunis autour des cendres de ce feu.

On tint conseil. La mort du vice-roi fut résolue, et le sort désigna Aganiz lui-même pour exécuter cet arrêt.

Aganiz prit son tomahak et le jeta dans le torrent.

— C'est lui qui m'avait donné mon tomahak, dit-il.

Il brisa son arc sur son genou et poussa son carquois dans le feu.

— C'est lui qui m'avait donné mes flèches et mon arc, dit-il encore.

4

Il fit un trou dans le sol et y enfouit son coutelas, disant enfin :

— C'est lui qui m'avait donné mon coutelas! Avec quoi voulez-vous que je tue mon père au visage pâle?

Les Sachems répondirent :

— Il faut que notre père Espagnol au visage pâle meure! nous voulons sa chevelure.

Aganiz enterra son calumet auprès de son coutelas, et il pleura.

— C'est lui qui m'avait donné mon calumet, dit-il.

Il prit tous les grains d'or qu'il avait amassés pour acheter de l'eau, du feu et descendit dans la plaine.

Il marcha jusqu'à ce qu'il eut trouvé un village espagnol. Il dit au forgeron :

— Fais-moi un couteau d'or.

Avec ce couteau, il tua le vice-roi et prit sa chevelure.

Les Espagnols donnèrent aux Pawnies blancs, à qui on fit désormais la chasse, comme à un troupeau de bêtes fauves, le nom de *Cuchillos de oro*. Les Pawnies s'en parèrent eux-mêmes avec orgueil.

C'est ce nom que les Américains on traduit par celui de *Golden-daggers*.

En 1848, peu de temps après que le Mexique eut cédé la Californie, sept *convicts*, échappés de Botany-Bay, traversèrent l'Océan Pacifique sur une frêle barque et vinrent prendre terre sur les côtes de l'Orégon. Je pense n'avoir pas besoin d'expliquer que l'Australie servait de lieu de déportation aux Anglais et que les *convicts* étaient pour la plupart des malfaiteurs de la plus dangereuse espèce.

Sur sept, quatre des nôtres avaient été condamnés à mort en Europe. C'étaient des hommes désespérés et intrépides. Ils firent noyau dans le pays et descendirent peu à peu vers le sud.

Il y avait grand débat entre les débris de la peuplade Pawnie, réduite à une vingtaine de guerriers, et un groupe d'aventuriers ténesséens qui avaient découvert un gisement d'or considérable au flanc même du mont Golden-dagger. Les convicts jugèrent le lieu bon. Pour s'y établir, ils aidèrent d'abord des Pawnies Couteaux d'or à chasser les Ténesséens; puis ils firent table rase des Couteaux d'or eux-mêmes.

Le massacre eut lieu la nuit.

Un seul Pawnie parvint à s'échapper et se soumit aux vainqueurs.

C'est celui-là dont M. le vicomte a parlé à ces dames: cette figure rouge et tatouée, dont les yeux flamboyaient dans la nuit du bosquet des pins. Il s'appelle Towah ; c'est le serviteur particulier du mayor, et c'est un serviteur fidèle.

La bande des convicts victorieuse prit le campement et le nom des Couteaux d'or. Voilà tout.

— C'est très-curieux, cela, dit le vicomte Henri ; quand je pense que je possède peut-être le couteau d'or qui a scalpé Médina-Sidonia !

— Non, répartit Georges Leslie, le mayor possède ce couteau ; il ne vous l'eut pas laissé prendre.

On disait dans le cercle :

— Nous revenons au temps des Mille et une nuits !.. Et c'est au dix-neuvième siècle que ces choses-là se passent !

Le général O'Brien se pencha à l'oreille de la marquise et lui dit quelques mots à voix basse.

— Vraiment ! s'écria la bonne dame, à la bouche de qui l'eau venait.

— Il est fort timide dans le monde, reprit le général : vous serez obligée de le presser un peu.

La marquise se leva et courut à Georges :

— Monsieur, dit-elle, vos aventures, si curieuses...

— Je n'ai pas eu d'aventures, madame, interrompit Georges, que l'attention générale troublait visiblement.

— Vous ne voulez pas nous raconter un de ces

drames merveilleux auxquels vous avez assisté?

Georges jeta au vieux général un regard de reproche. Le vieux général souriait.

— Allons, Leslie, dit-il, exécutez-vous ! Il n'y a pas à reculer.

— Mesdames, reprenait la marquise, venez à mon secours.

Georges était désormais le centre du cercle. Vingt jolies bouches lui souriaient. Ses yeux se baissèrent après avoir vainement cherché ceux d'Hélène qui semblait distraite.

— Je ne sais qu'une histoire, dit-il enfin ; c'est celle de cet homme que M. de Villiers vit passer sur un brancard, la tête enveloppée d'un lambeau de soie...

— Le prisonnier des Vecinos ! s'écria-t-on de toutes parts.

— Le chef des Golden-daggers ! ajouta Henri, qui couvait Georges d'un regard fixe et inquiet.

— Dites ! dites ! fit le cercle tout entier.

— Soit, répliqua Georges Leslie, dont la voix devint plus grave : le récit de M. le vicomte a donné d'avance au mien comme un reflet d'intérêt. Je vais vous raconter les aventures du jeune comte Albert de Rosen, le mayor des Couteaux de la Montagne.

IV

LE MAYOR

— Le comte Albert de Rosen, dit Georges après s'être recueilli un instant, est le descendant d'une grande famille magyare ; son père, le général Karolyi, fut fait comte de Rosen par l'empereur Joseph. Avant d'être comte, Karolyi était presque roi, puisqu'il gouvernait, en qualité de ban héréditaire de Kaposvar, tout le pays situé autour du lac Baraton, jusque par-delà les immenses forêts de Baccon.

Ce fut pour l'amoindrir que l'empereur Joseph le fit comte.

Dans ces montagnes de l'Amérique occidentale

où je l'ai rencontré, j'ai vu le jeune comte Albert pleurer de regret en songeant que son épée allait manquer à son pays, quand l'Allemagne menaça de se ruer sur la Hongrie..

— Alors, il est jeune ? interrompit la marquise.

— Il n'a pas encore vingt-cinq ans, répondit Georges.

— Est-il beau ?

Georges Leslie eut un sourire.

— Entre hommes, répliqua-t-il, on ne se juge pas bien sous ce rapport. J'ai entendu des dames parler avec admiration du comte Albert. Je sais qu'il est grand de taille, robuste, infatigable, et qu'il n'y a pas un homme au monde qui puisse se vanter de l'avoir vu trembler devant le péril.

— Jeune, beau, noble, vaillant ! dit la marquise en s'arrangeant dans son fauteuil pour ne plus bouger de longtemps, voilà un vrai héros de roman, mesdames. Écoutons ! écoutons !

— Pour ma part, ajouta Henri de Villiers, qui s'était rapproché, je ne saurais dire combien je suis aise de connaître la vie de ce curieux personnage. M'est-il permis de demander à M. Georges Leslie s'il l'a fréquenté particulièrement ?

— Assez, répliqua Georges.

— Écoutons, écoutons ! répéta la marquise.

— Le comte Albert, reprit Georges Leslie, était à dix-neuf ans docteur des quatre Facultés ; les étudiants de l'Université de Presbourg lui obéissaient comme à leur maître. A vingt ans, il fut exilé par M. de Metternich pour avoir affiché une thèse sur l'indépendance de la Hongrie. On lui assigna Milan pour lieu de résidence. Une fois hors du territoire autrichien, il se dirigea sur Paris. Ses biens furent confisqués.

Le comte Albert parle de Paris avec enthousiasme ; c'est lui qui m'a donné envie de traverser la mer pour voir ce centre du monde, qui verse au monde la lumière et les ténèbres.

A Paris, en ce temps-là, le comte Albert était loin pourtant d'occuper un rang proportionné à sa naissance. Il n'avait emporté de Hongrie qu'une somme assez modique, et le besoin ne tarda guère à le venir visiter. Il demanda conseil à un vieil ami qu'il avait.

— Que puis-je faire ici ? lui dit-il.

— Que savez-vous faire, d'abord ? répondit le général.

Le vieil ami était un général. Et pourquoi ne le dirais-je pas, puisque c'est une lettre du comte Albert qui m'a mis en rapport avec cet excellent homme ? L'ami était M. O'Brien, à qui je dois l'honneur de me trouver aujourd'hui en si noble compagnie.

— Bien, bien ! fit le vieux général ; voici qui était au moins inutile à dire.

Puis il ajouta en se tournant vers la marquise :

— Belle dame, je vous engage à ne point profiter de cela pour me demander des histoires : je n'en sais pas l'ombre d'une, ma parole d'honneur !

— Le comte Albert, reprit Georges Leslie, répondit au général qu'il était quatre fois docteur. Le général secoua la tête et demanda :

— Savez-vous faire quelque chose ?

Comme le jeune magyare, déconcerté, gardait le silence, le général reprit :

— Vous autres *Burschen*, vous êtes tous des ferrailleurs : savez-vous assez d'escrime pour donner des leçons de sabre ?

— Je suis gentilhomme, monsieur, répartit Albert.

— Moi aussi, monsieur répliqua le général, telles enseignes que le géant Diarmid O'Breane mon aïeul, était roi d'Irlande. Cela ne m'a pas empêché, après la chute du roi don Miguel, que je servais, de donner ici, au Jockey-Club, des leçons de bâton irlandais.

Le vieil O'Brien leva un doigt menaçant vers

Georges Leslie, à la grande gaieté de toute la réunion.

— Que le ciel vous confonde, Georges! s'écria-t-il; appelez, au moins, les choses par leur nom! des leçons de *Shillelagh*, monsieur! je comptais mettre cela dans mes *Mémoires*. Vous me volez tout un chapitre! Il est entendu que je suis arrière petit-fils d'un souverain qui avait seize pieds anglais de hauteur; sa mesure est à la maison des aldermen de Galway; il est convenu que j'ai donné, pour de l'argent, des coups de gaule irlandaise aux membres du Jockey Club... mais je vous demanderai raison, Georges, si vous dites encore un mot de moi!

— Dites vous-même, alors mon cher ami et protecteur, répliqua Georges, ce que vous conseillâtes à ce pauvre comte Albert.

— Je l'avais entendu taper sur un piano, fit le général d'un ton bourru; c'est encore un métier cela. Je lui dis: A Paris, un cahier de musique vaut quatre douzaines de diplômes. Arrangez-vous désormais pour marcher tout seul, Georges, et ne me faites plus intervenir s'il vous plaît!

— Le comte Albert, mesdames, suivit le conseil du général, reprit Georges Leslie; il donna des leçons de piano pour vivre. Il était venu à Paris le cœur libre; une de ses élèves, miss Ellen Talbot, Américaine de naissance, lui inspira un tendre et tout respectueux sentiment.

Il paraît que le récit de Georges était destiné à être souvent interrompu.

Ce nom d'Ellen Talbot excita en effet une véritable émotion dans le salon de la marquise.

Le vicomte Henri de Villiers tressaillit si ostensiblement que le général lui demanda tout haut s'il se sentait incommodé.

La marquise frappa ses deux mains l'une contre l'autre. Hélène changea de couleur et s'agita sur son siége sans prendre la peine de cacher son trouble.

— Par exemple! s'écria la marquise, voilà qui tourne au roman! Vous devez vous souvenir, mesdames, d'avoir vu à la place où nous sommes cette charmante Ellen Talbot, fille unique d'un membre du congrès de Washington.

— Certes, certes, répondit-on; toute jeune...

— De l'âge d'Hélène.

— Une délicieuse blonde! ajoutèrent ces messieurs.

— Juste la nuance des cheveux d'Hélène! dit la marquise, le même âge, le même nom, l'une en anglais, l'autre en français, la même taille, presque le même son de voix: une ressemblance des plus frappantes... tout le monde les prenait pour les deux sœurs !

— Je ne sais pas si jamais deux sœurs se sont plus tendrement aimées que nous ! murmura Hélène, qui avait les larmes aux yeux.

— Mais comment se fait-il, reprit la marquise, que nous n'ayons jamais entendu parler de ce fameux comte Albert de Rosen, nous qui voyions les Talbot tous les jours?

Hélène rougit et baissa les yeux.

— Je crois deviner que Mlle de Boistrudan n'est pas sans en avoir entendu parler, dit tout bas le vicomte Henri.

— Vous ne vous trompez pas, monsieur, répliqua la jeune fille d'un ton froid. Elle m'a écrit une fois de Baltimore; le nom du comte Albert se trouvait dans sa lettre. Quant à la circonstance qui vous étonne, maman, ajouta-t-elle en se tournant vers la marquise, vous savez que nous avons passé l'hiver entier de 1846 à Nice.

— C'était, en effet, pendant l'hiver de 1846, dit Georges Leslie.

— C'est juste ! c'est juste ! fit la marquise; nous regrettâmes de n'avoir pu embrasser la chère Mme Talbot et sa charmante fille avant leur départ pour les États-Unis.

— Vous avez connu Ellen, monsieur? demanda Hélène à Georges.

Elle était redevenue pâle; mais le regard que Georges lui jeta fut si triste et à la fois si doux, qu'un vif incarnat couvrit de nouveau ses joues.

Georges répondit.

— Assez pour affirmer que jamais ressemblance plus parfaite n'exista ici-bas. Mme la marquise vient de le dire : entre elle et vous, mademoiselle, tout est commun, l'âge, le nom, la voix, le sourire : vous avez la même beauté, vous devez avoir le même cœur...

Il s'interrompit, et au lieu de poursuivre, il demanda en se tournant brusquement vers Henri:

— Monsieur le vicomte ne nous a-t-il pas dit qu'il avait habité Baltimore?

— Peu de temps, répondit M. de Villiers d'un ton dégagé; le hasard ne m'y a jamais fait rencontrer miss Talbot. A l'époque où ces dames l'ont connue à Paris, j'avais déjà commencé mes voyages. Pourquoi me demandez-vous cela?

— Pour avoir votre témoignage, monsieur, comme je vous ai fourni le mien tout à l'heure. Car j'allais ajouter qu'en saluant Mlle de Boistrudan, une sorte de vertige m'a passé devant les yeux. J'ai cru voir miss Ellen elle-même, et j'ai eu cette idée bizarre que le dévouement d'un frère, et même la tendresse d'un époux pourraient être trompés à une si merveilleuse ressemblance. Votre avis à ce sujet, monsieur le vicomte, m'eut été précieux.

— Désolé d'être dans l'obligation de vous le refuser, monsieur, répondit le vicomte avec une nuance de hauteur; je vous répète que je n'ai jamais eu l'honneur de me trouver avec miss Talbot.

— Du reste, reprit Georges, dont le regard chargé de mélancolie se reporta sur Hélène, l'illusion ne pouvait être de longue durée. Deux fleurs jumelles cessent de se ressembler quand l'une reste droite et brillante sur sa tige riche de sève tandis que l'autre, blessée et mourante, laisse choir les feuilles flétries de son calice.

— Que voulez-vous dire, monsieur? s'écria Hélène inquiète ou plutôt déjà épouvantée.

Georges prononça lentement et d'un accent plein de tristesse :

— Miss Ellen Talbot était bien malade quand j'ai quitté Baltimore...

— Malade... dangereusement? interrompit Hélène, dont les joues étaient plus blanches que la dentelle de son col.

Georges ne répondit pas. Il y eut un silence dans

le boudoir. La marquise s'éventait ; des larmes muettes brillaient aux cils d'Hélène.

M. le vicomte Henri de Villiers gardait seul l'attitude de l'indifférence.

Il est une espèce d'hommes aux regards scrutateurs et perçants qui voient à travers tous les masques et devinent la pensée sous les plus ingénieux déguisements. J'en ai connu.

Ce sont des diplomates d'élite : on trouve rarement de ces sorciers parmi les ambassadeurs, au dire de leurs honorables collègues.

Si un homme ainsi fait s'était introduit tout à coup dans le boudoir de la marquise, peut-être aurait-il reconnu que M. le vicomte Henri de Villiers n'était pas le moins ému de l'assemblée. Au contraire.

Georges glissa vers lui un regard à la dérobée. Georges Leslie avait précisément de ces yeux qui descendent au plus profond du cœur. Un sourire amer passa sur ses lèvres. Ce fut lui qui rompit le silence.

— Je ne m'attendais pas, dit-il, à ce douloureux surcroît d'intérêt que les circonstances ajoutent à mon récit, si loin du pays où il m'a été donné de connaître Albert de Rosen et l'ange qu'il nommait sa fiancée. Pour peu que mademoiselle de Boistrudan le désire, je ne poursuivrai pas.

— Monsieur, dit Hélène d'une voix brève et entrecoupée, ne me cachez rien, je vous prie ; je veux... je désire savoir... tout savoir !

— Mon Dieu ! ajouta la marquise, beaucoup moins émue et plus facile d'ailleurs à consoler, à cet âge-là la nature a tant de ressources ! La chère enfant est peut-être rétablie à l'heure qu'il est. Continuez, monsieur Leslie, ces dames vous écoutent.

Georges reprit, sans s'adresser particulièrement à Hélène, bien qu'elle eût la conscience qu'il parlait surtout pour elle :

— Cette famille Talbot était riche. M. C.-H. Talbot, père de miss Ellen, fut ruiné, comme vous le savez sans doute, par la banqueroute des Comptoirs du Sud, qui ébranla si rudement le crédit de l'État lui-même. Il rappela près de lui sa femme et sa fille qui voyageaient pour la santé de cette dernière. Le comte Albert suivit ces dames en Amérique. Son inclination pour miss Ellen avait grandi. Elle était partagée.

M. Talbot, ruiné de fond en comble, donna sa démission de membre du Congrès, et conçut le dessein d'aller refaire sa fortune en Californie. Albert lui demanda la main de sa fille. M. Talbot lui répondit :

— Vous êtes pauvre, moi aussi. Nous reparlerons de cela, quand nous serons riches. Venez avec moi dans l'Ouest.

Ils partirent.

En passant à Washington, M. Talbot se prit de querelle avec un partisan de l'esclavage, qui lui reprocha ses anciens votes au Congrès. On argumente volontiers là-bas le révolver à la main. M. Talbot perdit la vie sur la place publique, dans un de ces duels ignobles particuliers à l'Amérique, et qui ressemblent toujours à des assassinats.

Le comte Albert revint à Baltimore ; il serra les mains d'Ellen et de sa mère et leur dit :

— Je pars seul, je reviendrai riche ; attendez-moi.

Le comte Albert, mesdames, fit précisément ce même voyage que M. Henri de Villiers vient de vous décrire avec tant de verve. Seulement, il n'avait pas de compagnon.

Il traversa la chaîne neigeuse à deux ou trois lieues au nord du Golden-dagger, et se mit à la chasse de l'or. Ses diplômes lui avaient été à peu près inutiles à Paris : ici, ses connaissances géologiques le servirent puissamment. Il découvrit tout de suite plusieurs gîtes aurifères. Un instant, l'idée d'en opérer seul l'exploitation l'effraya.

Il traça néanmoins la carte de ses *claims*, rédigea ses notices, et se rendit propriétaire de ses découvertes aussi solidement que cela se peut faire dans ces contrées, où la légalité formaliste, minutieuse et myope, lutte avec tant de désavantage contre la brutale logique du *moi* barbare.

En prononçant ce mot barbare je ne parle pas des indiens sauvages. Ce sont ici les mécréants civilisés qui blasphèment le plus aveuglement la loi divine, en s'accrochant parfois à la lettre de la loi humaine.

Il est vrai que, d'autres fois, si la loi humaine les gêne, ils la brûlent comme les arbres de leurs défrichements.

Quand le comte Albert fut maître du terrain, il s'agit pour lui de construire une machine à épuiser, ainsi qu'un barrage pour arrêter l'eau du Torrente-Santo, l'un des affluents du fleuve Lewis.

Le premier érable qu'il jeta bas écorcha ses mains blanches, et il se coucha bien des fois, mort de fatigue, auprès de la méchante scie qui devait lui conquérir son tas d'or.

Au bout d'une semaine, il s'était fait une pauvre hutte en branchages, et un foyer à l'abri des pluies pour cuire son gibier.

Ses outils étaient rares et mauvais, mais il avait de bonnes armes.

Une nuit qu'il travaillait, au clair de la lune, au barrage de sa rivière, des coups de feu retentirent au sud de son *claim*.

Il vit un Indien, armé seulement d'une hache, qui défendait de son mieux une femme blanche contre l'attaque de trois bandits qu'il prit pour des Mexicains.

Là-bas, en pareil cas, l'usage est de laisser faire. La maxime : « Chacun pour soi ! » règne despotiquement aux pays d'or.

Le comte Albert n'avait pas encore adopté cette philosophie. Il abattit l'un des coquins d'un coup de carabine et mit les deux autres en fuite.

L'Indien blessé se traîna jusqu'à lui sur ses genoux et lui baisa les pieds. Depuis cette nuit-là Towah, le Pawnie, est le serviteur, ou plutôt l'esclave du comte Albert.

Ces Indiens ne se lassent ni de se venger ni d'aimer.

A cause de cette noble faculté d'aimer qui est en eux, ils deviennent aisément chrétiens, et bons chrétiens, — quand la terrible passion de se venger peut être déracinée de leur cœur.

Le comte Albert ouvrit sa hutte à Towah et à Lile sa compagne. Lile était jeune et belle. C'était une Espagnole des frontières. Lile et Towah étaient mariés chrétiennement.

Ce fut par Towah que le comte Albert apprit à quel genre de bandits il avait eu affaire.

C'étaient trois Couteaux d'or, de la nouvelle association, fondée par les *convicts*.

Towah lui raconta, en outre, la ruine de sa tribu, et ce massacre des Pawnies blancs auquel lui seul avait survécu.

Une circonstance étrange et qui témoigne de la rapidité avec laquelle tout se renouvelle dans ce pays, est celle-ci : deux ans à peine s'étaient écoulés depuis le massacre et cependant il ne restait plus au campement des Golden-daggers que quatre aventuriers ayant participé au carnage. La plupart s'étaient éloignés par cette incessante passion de changer qui possède tout le monde en Californie. Le sang des autres avait rougi la hache de Towah.

Towah était un véritable indien, et sa femme, métisse espagnole, n'avait pas eu grand chemin à faire pour devenir sauvage. Ils priaient Dieu, mais ils ne savaient pas pardonner. Tant qu'il y eut un seul des destructeurs de sa race au campement, Towah ne dormit jamais une nuit entière sous la tente du comte. Sa femme et lui sortaient sans bruit quelques heures avant le jour. A l'aube, le comte les voyait revenir, et parfois Towah disait:

— Les os de mon père sont rouges, ce matin!

Cela signifiait qu'un Golden-dagger avait eu la tête fendue à son poste de sentinelle ou dans son hamac, et que Towah avait répandu quelques gouttes de son sang sur la sépulture de ses ancêtres.

Depuis l'aurore jusqu'à la nuit, Lile et Towah travaillaient sans relâche avec le comte. La rivière était barrée. Dix-huit cent pieds de planches séchaient au soleil. Le comte Albert et ses deux auxilliaires eurent bientôt établi une machine, assurément très-imparfaite, mais qui fonctionnait tant bien que mal.

Elle suffisait pour laver le sable de la rivière, qui contenait l'or en énorme proportion.

Le comte Albert put écrire à la mère d'Ellen qu'il reviendrait avant un an, et qu'il reviendrait riche.

Les moyens de communication par la voie de terre étaient alors précaires et difficiles. Le comte Albert a su depuis que ni cette lettre ni d'autres, qu'il écrivit successivement, ne parvinrent jamais à leur destination.

Un matin, Towah enterra son tomahak sanglant et dit :

— C'était le dernier! J'ai fini. Je dormirai.

La nuit suivante, il dormit en effet tranquillement sur son lit de feuilles sèches, mais la vengeance qu'il avait trouvée le cherchait à son tour. L'ennemi avait découvert sa trace. A peu de jours de là, les Golden-daggers vinrent rôder autour de la hutte. Towah l'entoura d'un rempart de troncs d'arbres dans lesquels il perça des meurtrières. Il y avait dans la hutte ainsi retranchée trois carabines et des munitions en abondance.

Le comte Albert aurait pu se mettre à l'abri en chassant Towah qu'il avait bien souvent détourné de ses sanglantes expéditions, mais ce vengeur de la patrie sauvage lui avait témoigné dévouement et affection : ses ennemis étaient des Anglo-Américains, aussi cruels que lui, et bien plus avides. Albert épousa la querelle de son serviteur et prit lui-même ses dispositions pour soutenir un siége. En outre, il creusa nuitamment un trou dans la terre à quelque distance du fort et y plaça le produit déjà considérable de son travail.

Aucune marque distinctive extérieure ne pouvait faire reconnaître l'emplacement de ce trou.

Pour le retrouver, une fois que l'herbe eut poussé au-dessus du trésor, il fallait le raisonnement et la boussole.

— S'il m'arrive malheur, dit le comte Albert à

Towah et à Lile, vous tracerez une ligne au cordeau, de la hutte au centre du barrage ; puis vous vous rendrez avec la boussole au pied du Soldier...

Le Soldier était une haute roche blanche qui s'élevait à deux cents pas de la hutte en tirant vers l'ouest.

De loin, cette pierre avait la forme d'une sentinelle immobile, ce qui lui avait fait donner de nom du *Soldat*.

— Une fois sous le Soldier, poursuivit le comte, vous pointerez la boussole et vous tracerez une seconde ligne, selon la direction exacte du compas. A l'endroit où cette seconde ligne coupera la première, vous fouillerez et vous trouverez mon or.

Lile pleurait. Towah mit la main sur son cœur.

— Maître, quand vous ne serez plus là, dit-il, Towah aura-t-il besoin d'or ? Towah ne sait plus vivre que la vie de son maître.

— Si je mourais, répliqua le comte, Towah vivrait pour exécuter mes dernières volontés.

Les yeux de l'Indien brillèrent.

— Et pour vous venger ! ajouta-t-il.

— Non ! dit le comte. Dieu ne veut pas qu'on se venge, et si je meurs c'est que moi qui connais Dieu dès mon enfance, je n'ai pas assez appris à Towah la loi de l'oubli des injures, occupé que j'étais à amasser le trésor au prix duquel j'achèterai mon bonheur sur la terre.

Il s'arrêta et poursuivit après un silence.

— Ecoutez-moi bien tous deux ; ma dernière volonté, la voici: de l'autre côté du continent américain, dans la ville de Baltimore, j'ai laissé tout ce que j'ai de cher au monde: une jeune fille qui sera ma femme, s'il plaît à Dieu. Cet or lui appartient : c'est pour elle que je l'ai conquis. La route est longue d'ici jusqu'à Baltimore, mais vous la ferez.

— Nous la ferons ! dirent à la fois Towah et Lile.

— Vous demanderez dans la ville la veuve du député Talbot ; vous frapperez à la porte de sa maison et vous direz à sa fille, qui est ma fiancée: « Ellen, Albert est mort pour vous, et ceci est à vous. »

Lile et Towah répondirent ensemble :

— Nous le dirons.

Ces précautions furent d'abord inutiles ; les Goldendaggers se tinrent en repos pendant plus de six mois. Mais une nuit que le comte dormait après sa journée de travail, il fut réveillé par un bruit léger.

Lile était à son chevet.

— Maître, dit-elle, prenez votre carabine.

Le comte sauta sur ses pieds ; un coup de feu

retentit. Towah était déjà aux meurtrières : il venait d'abattre un Couteau d'or au moment où celui-ci attaquait les palissades à coups de hache.

Lile saisit la troisième carabine.

La hutte avait maintenant une triple ligne de défense : une palissade, un fossé profond et le rempart en troncs d'arbres.

Le comte, assisté de Towah et de Lile, soutint là dedans un siége de cinq nuits. Les Golden-daggers se retiraient au point du jour, emportant leurs morts.

Leur rage était au comble. Ils criaient avant de s'éloigner, en s'adressant au maître lui-même, sur qui leur haine se concentrait :

— C'est la nuit prochaine que tu seras coupé par morceaux, Français maudit !

Car, là-bas à la frontière mexicaine, tout ce qui n'est ni Anglo-Américain ni Espagnol est Français.

La sixième nuit, les Golden-daggers parvinrent à incendier la hutte. Ils avaient perdu leur mayor et douze hommes.

Albert de Rosen sortit de sa maison en flammes, monta sur le rempart, tira son dernier coup de carabine, et laissa tomber à ses pieds son arme désormais inutile.

Il croisa ses bras sur sa poitrine et attendit

l'ennemi. Les Golden-daggers le lièrent étroitement avec des cordes et l'emmenèrent au campement. Lile et Towah aussi furent faits prisonniers.

Le lendemain, on se rassembla sur la montagne pour élire un chef.

Il y eut des coups de couteau échangés, mais personne ne réunit une quantité suffisante d'adhérents.

Le sergent Saunders, dont M. le vicomte vous a parlé, mesdames, et un Canadien du nom de Bolton avaient chacun quatre voix; d'autres en avaient trois, d'autres deux; il y en avait une trentaine qui s'étaient donné à eux-mêmes leur propre confiance et qui avaient un seul suffrage.

— Avant qu'on te coupe par morceaux, laveur de limon, dit Saunders au comte Albert, qui regardait tout cela tranquillement, donne-nous ton avis.

— Mon avis, répondit Rosen, est que vous alliez à vos carabines. Mon chien Lyon a flairé les Vecinos.

Lyon était un magnifique chien du Sud, que Towah avait conquis sur les Mexicains. Il sentait les Vecinos d'une lieue.

— *Arow* (à vos rangs!) cria presque en même temps la sentinelle placée au sommet de la montagne.

Il y eut un instant d'inexprimable tumulte. Tout le monde voulait commander, personne ne consentait à obéir.

La sentinelle tira son coup de carabine et se replia.

Saunders s'élança vers Rosen et coupa ses liens avec son couteau d'or, qu'il lui pendit au cou.

— Soyons tous pendus, s'écria-t-il, si je ne vous donne pas une bonne idée! sans chef, nous allons être avalés, est-ce vrai?

— C'est vrai.

— Eh bien! le laveur de limon est un gentleman! Il nous a tué treize hommes; il se bat comme un tigre: je vote pour qu'il soit notre mayor!

Ce ne fut qu'un cri:

— Commandez-nous, gentleman! nous vous laisserons votre or et votre vie!

Rosen saisit la carabine qu'on lui présenta et ordonna qu'on mît en liberté ses compagnons. Il prit le commandement et jeta les Vecinos au bas de la montagne.

Après la bataille, on vint faire entre ses mains le serment de l'obéissance. Bolton seul, au lieu de jurer, lui frappa rudement dans la main et dit :

— Je veux savoir si le sang du laveur de terre est aussi rouge que le mien.

La loi des Couteaux d'or ne permet pas de refuser le duel. Bolton monta sur une des roches jumelles qui ont produit si bon effet dans le récit de M. le vicomte ; Rosen se plaça sur l'autre. Bolton fit la culbute et tout fut dit. Le comte Albert était mayor des Golden-daggers.

Sous ce mayorat, les pauvres chasseurs d'or de la plaine eurent la paix ou à peu près. Rosen n'eut pas l'idée folle de civiliser ses sauvages soldats, mais il leur apprit à tirer l'or du Torrente Santo et employa leur humeur batailleuse à combattre les Mexicains.

Ceux-ci jurèrent sa perte.

Ce fut vers ce temps, qu'il me fut donné d'approcher le comte Albert. Je crois avoir connu ses plus secrètes pensées. Je ne sais ce qu'il eût fait, placé dans une sphère moins excentrique, mais je peux lui donner ce témoignage qu'il avait un vaillant cœur, une saine intelligence et de bonnes intentions.

— Rien que cela ! s'écria la marquise ; mais je trouve, moi, que c'était un héros, tout uniment ; qu'en dites-vous, mesdames ?

Le comte Albert de Rosen fut déclaré héros par la majorité des vicomtesses.

Henri de Villiers sourit à sa belle-mère et répéta :

— Un héros, ma cousine, un héros véritable !

Georges Leslie, en prenant un temps de repos, chercha le regard d'Hélène. Celle-ci avait attiré la main de la marquise sa mère jusqu'à ses lèvres et la baisait d'un air pensif.

— Albert de Rosen perdit la vue, reprit Georges, le jour où M. le vicomte le rencontra, prisonnier des Mexicains, qui le portaient sur une civière.

Hélène lâcha la main de sa mère et ouvrit tout grands ses yeux attristés.

— Aveugle ! murmura-t-elle.

— Le comte Albert est aveugle ! répéta-t-on de toutes parts, comme s'il se fut agi d'une calamité publique.

— Quand M. de Villiers le vit couché sur son brancard, répliqua Georges Leslie, il venait de combattre et de vaincre les Mexicains, qui avaient pu se saisir de lui, néanmoins, parce que le vent d'un tromblon, déchargé à bout portant, l'avait couché sur le sol. vivant, mais privé de la lumière.

V

DONA CARMEN

Dans le boudoir de madame la marquise, il n'y eut peut-être que le comte Henri de Villiers qui n'éprouva point une sensation pénible aux dernières paroles prononcées par Georges Leslie. On s'intéressait à cet Albert de Rosen. C'était bien là un de ces héroïques étourdis dont le monde raffole et raffolera toujours.

Nous sommes obligés d'avouer que M. le vicomte de Villiers était relégué désormais au second plan.

Qu'étaient ses petites aventures de touriste sceptique et curieux auprès de ce récit nouveau, plein de vrais dangers et de combats à mort.

Il n'y avait pas jusqu'à cette petite nuance de foi chrétienne, répandue çà et là au long du récit, qui ne fît bien dans un salon du faubourg Saint-Germain.

Toutes les dames aimaient ce chevalier errant parti des plaines de la Hongrie pour frapper d'estoc et de taille les sauvages bandits de l'Amérique. Toutes ressentaient la blessure profonde qu'il venait de recevoir.

Aveugle ! Albert de Rosen, l'intrépide et le victorieux, était aveugle !

Mais n'était-ce pas une chose bien bizarre que la façon dont les deux histoires successivement racontées s'engrenaient l'une dans l'autre ? Le vicomte gravissant le Golden-dagger juste au moment où Albert de Rosen était enlevé par les Vecinos !

Il y a loin, reprit Georges Leslie, des Montagnes-Neigeuses jusqu'à San-Felipe de Sonora, le comte Albert lui-même avait rejeté à une grande distance le campement des Mexicains par ses précédents succès.

La route fut longue pour lui comme un martyr, et il pensa plus d'une fois succomber en chemin.

Comme le vicomte nous l'a dit au commencement de la soirée, les Vecinos avaient eu la pitié de voiler le visage de leur prisonnier. Jusqu'au terme de la route, et cela contribua sans doute à soutenir son courage, il conserva quelque espoir, il se disait : « C'est sans doute ce bandeau qui m'empêche de voir. »

En arrivant à San-Felipe, on lui ôta son voile. La conscience subite de son malheur faillit lui faire perdre la raison.

San-Félipe est une bourgade située à une cinquantaine de milles d'Arispe, au sud du Rio-Gila, dans une plaine fertile mais à peu près inculte, dont la majeure partie est occupée par des marais riziers que le vent d'ouest prend la peine d'ensemencer lui-même à l'automne. Les prodigieux gisements d'or que renferme la Sonora sont plus au sud. A San-Felipe, il y a deux ou trois douzaines de cabanes groupées autour d'un fort en bois, qui est dominé lui-même par une tour assez haute.

Cette tour, dépourvue d'architecture, a la forme d'un gigantesque bidon, sans lèvres ni rebords.

Ce fut le lieu choisi pour servir de prison au comte Albert.

Dans la bourgade, il y avait un parti qui voulait le mettre à mort ; mais le seigneur alcade et son ayuntamiento prétendaient tirer rançon de lui. La haine et l'avarice sont deux passions d'égal mérite. Entre elles deux, le cœur du vrai Mexicain balance.

Les Vecinos qui se prononçaient pour la mort restèrent, cependant, en minorité.

C'étaient des cerveaux brûlés. Le plaisir qu'on se donne à tuer l'ennemi qui peut fournir rançon est manifestement une prodigalité condamnable. Avec ses goûts, Shylock eût fini par mourir sur la paille.

L'alcade se nommait le senor Joan-Maria de Colober y Huesca. C'était un Mexicain grave, taciturne, maigre comme don Quichotte, vivant de tabac, de chocolat et d'eau chaude; bon chrétien, à ce qu'il disait, mais voleur jusqu'au bout des ongles.

Il avait une fille de vingt ans qui s'appelait dona Carmencita, et qui était une sainte.

Le pauvre Albert de Rosen ne put jamais la voir; mais elle avait une voix qui descendait au fond du cœur, et le comte Albert put l'entendre...

Hélène, qui regardait en ce moment Georges Leslie, baissa les yeux, comme si un éclat de lumière trop vive l'eût frappée.

Georges continuait :

— Dona Carmen, bonne et secourable, ayant appris que le prisonnier était aveugle, voulut lui porter consolation. Elle demanda à son père la permission de monter à la tour, avec dame Rosario, sa nourrice, qui ne la quittait jamais. Dame Rosario occupait auprès d'elle ce poste de duègne ou seconde mère, que tous les auteurs de romans et tous les auteurs de comédies ont ridiculisé à l'envi l'un de l'autre. Pourquoi? Je suppose qu'il y a pourtant quelques bons pères de famille parmi les auteurs de romans.

Rosario, comme Carmen, est un nom particulier à la dévotion espagnole. Il faut, pour tous les deux, sous-entendre Marie : Marie du Rosaire, Marie du Carmel. Véritablement, Rosario servait de mère à Carmen, qui avait perdu la sienne, et que son père, le seigneur alcade, n'était pas très-capable de conduire.

Ce brave alcade consentit volontiers à la miséricordieuse visite, en y mettant cette condition pratique que Carmen se chargerait de dire au mayor que les Vecinos se contenteraient de mille onces d'or pour sa rançon, au plus juste prix.

Quand dona Carmen entra dans la cellule du captif, ce fut pour lui, au milieu des ténèbres qui l'oppressaient, comme l'approche d'un rayon de soleil. Elle vint s'asseoir auprès de son lit. Le bandeau qui couvrait les yeux du comte donnait confiance à sa modestie charitable. Elle parla. C'était une piété douce qui coulait de ses lèvres. Peut-être y avait-il longtemps que Rosen n'avait élevé sa pensée vers le ciel. Les femmes de race espagnole savent parler la langue des consolations divines, comme les anglaises sont habiles à verser le thé et à discuter les cas de pruderie. Quand elle quitta Rosen elle lui laissa l'obéissance à la volonté de Dieu, qui est le courage des souffrants.

— Je reviendrai, seigneur cavalier, dit-elle; nous reviendrons.

Elle revint le lendemain, le troisième jour, elle dit:

— Si vous étiez mon frère, nous prierions ensemble.

— Soyez ma sœur, répondit Rosen.

Et ils prièrent.

Le quatrième jour, elle demanda au prisonnier de lui dire son histoire.

Le comte Albert lui montra son cœur tout entier, où l'image d'Ellen était gravée.

— Puisque vous l'aimez, je l'aimerai! murmura doña Carmen.

Puis elle raconta à son tour qu'elle aussi était fiancée.

— Mais dit-elle, je ne saurai jamais bien aimer que mon Dieu. Je me marierai pour obéir à mon père.

Rosen devina qu'elle avait des larmes dans les yeux.

Le seigneur alcade, cependant, demandait chaque matin à sa fille quand le mayor paierait sa rançon, et Carmencita répondait:

— Ce n'est pas un Anglais; il aime la vierge Marie.

Ce qui ne satisfaisait le seigneur alcade que dans une proportion médiocre.

Rosario en était venue à aimer le prisonnier presque autant que sa Carmen chérie.

Ces longues heures de la captivité avaient leur douceur.

Parfois, Carmen disait:

— Prions tous ensemble pour Ellen qui est aussi ma sœur.

Plusieurs mois s'étaient écoulés. Dans cette tour de bois, la chaleur était étouffante. Souvent, Rosen restait une partie de la nuit assis auprès de sa fenêtre, pour donner son front à la brise fraîche qui soufflait du nord-est.

Ce vent venait de Baltimore; il avait été respiré par Ellen.

Un soir qu'il était seul ainsi, paresseux et rêveur, il tressaillit tout à coup et sauta sur ses pieds.

Le vent lui apportait un son étrange et bien connu: le signal à l'aide duquel Towah et Lile se retrouvaient dans les bois, au désert.

Il crut être le jouet d'un songe ; mais le signal se répéta. Puis le silence régna dans les ténèbres.

Rosen se pencha au dehors pour tâcher de saisir quelque bruit nouveau. Le village dormait.

Rosen ne put ouïr que la voix triste du vent qui passait sur les grandes savanes.

Comme il allait gagner sa couche, un coup de carabine retentit dans le lointain.

— C'est le son de la carabine de Towah, s'écria Rosen.

Car, dans ces solitudes, tout objet a sa voix reconnaissable, et les aventuriers distinguent au loin l'accent ami ou ennemi d'un *rifle* qu'on décharge, comme nous savons, en Europe, attacher un nom au son de chaque voix.

Jusqu'au matin, le comte Albert resta sur le qui-vive.

Dona Carmencita vint plus tôt que de coutume.

— On a vu rôder un Indien autour du rempart, dit-elle.

Et Rosario ajouta :

— On va lui donner la chasse.

— C'est mon serviteur, c'est mon fidèle ami ! s'écria le comte ; sauvez-le, Carmen, au nom de Dieu !

— Je le sauverai, fit Carmen.

Elle alla vers l'alcade et lui dit :

— Seigneur, le prisonnier a des intelligences au dehors. Un Indien de la montagne a fait entendre des signaux sous le rempart.

— Je sais cela, répondit Joan-Maria de Colober y Huesca, Dieu merci ! senora, nos sentinelles ne sont ni sourdes ni aveugles.

— Savez-vous aussi que cet Indien vient ici pour s'entendre avec le prisonnier au sujet de sa rançon? demanda Dona Carmen.

L'alcade appela aussitôt ses mosqueteros et donna l'ordre d'épargner la vie de l'Indien.

Pour avoir nourri le cavalier depuis le temps, senora, dit-il, nous pouvons bien demander quinze cents onces, pour notre peine.

Dona Carmencita eut peut-être envie de marchander, mais Rosario répondit :

— Sûrement, le cavalier paiera quinze cents onces aussi aisément que mille.

Dona Carmen promit à son père d'assister aux entrevues du prisonnier et de l'Indien, afin d'éviter tout complot d'évasion.

Towah revint rôder sous les murailles et se fit prendre. Une fois pris, selon l'usage des Indiens, il ne prononça pas une parole. Dona Carmen ordonna qu'il fût conduit à la tour et renvoya les gardes.

Le comte, Towah et doña Carmen étaient seuls. Sur un signe de sa jeune maîtresse, Rosario aussi s'était retirée.

L'indien resta muet, parce qu'il ne connaissait pas Carmen.

— Parle, Towah, dit le comte : celle-ci est ma sœur.

Towah, qui se tenait droit et raide, tourna vivement son regard vers la jeune fille.

Il lui prit la main et la mit sur sa tête, mais il ne parla point encore.

— Voyons, reprit le comte, n'as-tu rien à me dire ? Lile est-elle avec toi ?

— Towah n'a plus de femme, prononça tout bas l'Indien.

Puis il ajouta en se redressant tout à coup et d'un ton de douloureuse fierté :

— C'est Towah qui l'a tuée.

— Cet homme a assassiné sa femme ! s'écria doña Carmen avec horreur.

— Towah ne ressemble pas aux hommes que vous connaissez, senora, dit le comte. Pourquoi as-tu tué ta femme, Towah ?

— Parce qu'elle avait trahi le secret de mon maître, répliqua l'Indien.

Le comte n'interrogea plus.

Carmen regardait d'un air épouvanté le visage bizarrement tatoué du Pawnie. Après un court silence, celui-ci étendit sa main en avant, et reprit à voix basse :

— Towah veut tout dire à son maître. Un visage pâle vint au campement avec son serviteur. Il était du pays de France ; Lile et moi, nous l'appelions la Langue-Dorée, parce qu'il savait persuader et plaire en parlant. Les Golden-daggers avaient surnommé son valet le Mohican. La Langue-Dorée resta quelque temps parmi nous. C'est lui qui a empêché le sergent Saunders de suivre la piste des Mexicains, pour venir jusqu'à San-Felipe et délivrer mon maître. Le valet de la Langue-Dorée était très-rusé. Il causait avec tout le monde et apprit du laceur de chevaux, Mustang, que Lile et Towah avaient connaissance d'un grand trésor. Comment le laceur savait-il cela ? Il n'était pas sorcier. Lile avait parlé, puisque la bouche de Towah était restée close. Lile méritait d'être punie.

— Et c'est à cause de cela que tu l'as tuée ? demanda le comte.

— Non répondit Towah ; que le mayor attende, il saura. La Langue-Dorée vint un soir dans la cabane où Towah était avec Lile. Il mit une bouteille de rhum sur la couche et dit : « Voulez-vous boire ? »

Towah but, Lile aussi ; et la Langue-Dorée mettait à son tour entre ses lèvres le goulot de la bouteille, mais je ne sais s'il buvait. Quand la bouteille fut vide, Lile se mit à chanter et danser : elle avait perdu sa raison dans l'ivresse.

La Langue-Dorée dit :

— Si mon frère Towah le veut, il aura cent flacons de liqueur pareils à celui-ci.

— Towah le veut, répondis-je.

— Pour cela, il faut que Towah me parle avec franchise.

— Interrogez, Towah répondra.

— En quel endroit le mayor a-t-il caché ses lingots ?

Ce n'est pas Towah qui s'enivre avec la moitié d'un flacon de rhum ! Il dit à la Langue-Dorée : « Va-t-en ! »

Et il décrocha son tomahak qui pendait derrière la porte du wigwam.

La Langue-Dorée se retira.

Le lendemain, Towah sortit pour voir s'il n'y avait rien de nouveau entre la roche du Soldier et le barrage, où était le trésor. Quand il revint, Lile chantait et dansait : Lile avait encore bu l'eau de feu.

Towah frappa sa femme au visage, parce qu'une

squiw n'a pas le droit de s'enivrer sans son maître. Pendant plusieurs jours, Towah vit Mohican, le valet, rôder autour du wigwam.

Un matin, on chercha vainement la Langue-Dorée et son valet Mohican dans le campement. On les attendit tout le jour : ils ne revinrent pas. Lile ne voulut pas sortir du wigwam ; elle pleurait et se frappait la poitrine. Towah lui demanda.

— Pourquoi pleures-tu ?

Elle répondit en se tordant les bras :

— Lile veut mourir !

Towah ne comprit pas tout de suite. Il sait que la femme est plus faible que l'homme. Il laissa vivre Lile.

Mais un soupçon le poussa vers l'ancienne hutte incendiée de son maître, où déjà les hautes herbes croissaient sur les cendres.

Il vit deux lignes tracées au cordeau : l'une allait de la hutte au centre du barrage, l'autre partait du Soldier et se dirigeait vers le nord.

A l'endroit où ces deux lignes se coupaient, il y avait un trou large et profond. Le courant avait été détourné et la terre fouillée. Le trésor du mayor avait disparu.

Towah rentra au wigwam et trancha la tête de Lile d'un coup de tomahak.

Quand elle fut enterrée, il partit sur la trace de la Langue-Dorée et du Mohican. Towah jura qu'il marcherait pieds nus tant qu'il n'aurait pas mis la chevelure du Mohican à sa ceinture.

Le comte Albert ne parla pas, mais il se baissa et toucha les pieds de Towah, qui n'avaient point de mocassins.

— Towah n'est point encore vengé, dit celui-ci, qui courba la tête.

Tout espoir de payer rançon était désormais perdu pour Albert de Rosen, puisqu'on lui avait volé son trésor.

Ce Français, que l'Indien nommait la Langue-Dorée et dont Albert devait plus tard apprendre le vrai nom, lui avait enlevé une valeur de plus d'un million.

Le silence, cependant, régnait dans la prison. Albert pensait. Carmencita restait épouvantée du meurtre de Lile.

— Towah les a suivis à travers tout le Mexique jusqu'au port d'Acapucha, où ils se sont embarqués sur un navire qui devait faire le tour de la terre du sud et remonter ensuite vers le nord. Towah sait le nom de la baie où le navire mouillera; c'est un nom indien, la baie Delaware.

— Baltimore ! dit Albert de Rosen.

— La ville où est Ellen! murmura doña Carmen.

Puis le comte Albert reprit :

— Tu vas partir, à l'instant même.

Au lieu de répondre, Towah marcha vers lui, appuya ses deux mains sur ses tempes et se prit à considérer ses yeux attentivement.

— Towah savait que son maître était aveugle, dit-il, mais Towah n'avait pas encore vu les yeux blessés de son maître. Towah ne partira pas, parce que son maître a besoin de lui.

— Tu me désobéiras donc pour la première fois ! voulut s'écrier Albert de Rosen.

Mais l'Indien fit un geste plein d'autorité et répéta avec emphase :

— Towah ne partira pas ! Il connaît la vertu des plantes ; il rendra la vue au mayor.

Le cœur du comte Albert bondit à cette parole. Peut-être n'avez-vous pas, mesdames, une grande confiance dans le savoir médicinal des sauvages. Rosen avait l'opinion contraire : Towah ne se vantait jamais. Quand Towah disait : je ferai ceci, c'était chose faite.

— Dieu me donnerait cette joie ! s'écria le comte ; je vous verrais, Carmen, ma sœur !

Mais il ajouta, et sa voix n'était plus la même :

— Je reverrais Ellen !

Carmen joignit les mains et pria

— Combien de temps te faudra-t-il pour me rendre la vue? demanda Rosen à Towah.

— Trois mois d'été, répliqua celui-ci.

La saison des pluies commençait.

Albert semblait se livrer à un calcul.

— Il y a longtemps que ces deux hommes se sont mis en mer? demanda-t-il encore.

— Cinquante jours.

Certes, pour le présent, rien ne pouvait porter Rosen à réunir dans sa pensée l'aventurier français qui l'avait dépouillé et miss Talbot, sa fiancée.

Sait-on par quelle porte les pressentiments s'introduisent dans l'esprit des hommes? souvent, Dieu parle tout bas.

— Tu m'aimes et tu as du courage, Towah, s'écria tout à coup le comte ; il faut absolument que j'aie des nouvelles d'Ellen.

— Voilà six mois que Towah marche sur ses pieds nus, répondit le Pawnie ; ses pieds sont durs ; il peut bien marcher six mois encore.

— Tu iras, reprit le comte ; tu ne t'arrêteras qu'à Baltimore. Tu verras Ellen. Tu lui diras que je ne l'ai pas oubliée ; tu lui raconteras mon malheur. Tu lui promettras, tu lui jureras, entends-tu, en mon nom et sur ma foi, qu'elle me reverra riche et vainqueur. Je la connais : elle m'attendra. Dieu ne m'a pas enlevé tout espoir de bonheur. Et quand tu auras fait cela, tu reviendras.

— J'irai, dit Towah, je ferai, et je reviendrai.

Carmen lui prit la main et y versa tout l'or de sa bourse.

— Towah, murmura-t-elle, vous direz à miss Talbot que Carmencita, son amie inconnue, lui envoie le baiser d'une sœur.

Towah quitta la tour après avoir reçu toutes les instructions nécessaires. Il avait fait serment de ne s'arrêter nulle part en chemin.

Le seigneur Joan-Maria, l'alcade, qui le vit traverser à grands pas la plaine, se frotta les mains tout le reste du jour, persuadé qu'il était que l'Indien allait chercher la rançon du mayor.

Les heures furent longues après le départ de Towah. Le comte Albert compta les jours. L'inquiétude était née en lui, et il n'écoutait plus les paroles d'espoir qui tombaient des lèvres de Carmen. Ils étaient trois pourtant, maintenant, à lui parler le langage de la confiance en Dieu. Carmen, Rosario et un vieux prêtre missionnaire, arrêté par la maladie dans sa route pour le *Far-West*. Celui-là n'espérait rien sur la terre, sinon l'immense bonheur de se dévouer jusqu'à la mort en imitant le Christ, sauveur des hommes, mais il compatissait à toutes les souffrances et comprenait toutes les légitimes tendresses. C'était un Sud-Américain d'origine française, il avait nom le P. Lekain, et avait été vingt ans dans les missions du Texas, après avoir navigué comme aumônier.

L'alcade qui, lui aussi, perdait patience (pour la rançon) avait dit au P. Lekain de faire entendre adroitement au prisonnier que la coutume de passer par les armes les captifs insolvables n'était pas tout à fait tombée en désuétude dans le pays de Sonora.

Towah, cependant, ne revenait pas, et les jours s'écoulaient. La saison des pluies passa toute entière et une partie de l'été. Le comte disait à ses amis :

— Regardez, regardez à l'horizon vers le nord-est.

Ils regardaient de tous leurs yeux, Carmen surtout, qui avait la vue perçante de la jeunesse, mais elle ne voyait rien venir.

Un soir pourtant, à perte de vue, elle aperçut comme un point obscur qui se mouvait dans la savane. Son cœur battit. Rosen s'était habitué à deviner sa pensée sans entendre ni voir.

— Il y a quelque chose ? dit-il.

— Je ne distingue pas bien encore, répondit la jeune fille : pourtant l'objet grandit à l'œil avec rapidité.

— Quel objet ?

— Attendez... c'est un homme... un homme à cheval... le soleil couchant le frappe en ce moment... Il est demi nu... son cheval est à tous crins et sans selle.

— Towah ! s'écria Rosen, les Pawnies sont cavaliers en naissant.

Rosario et le missionnaire ne voyaient rien encore.

— Je crois que c'est en effet l'Indien, dit Carmen après un silence ; il pousse son cheval comme un furieux...

— Ah ! fit-elle en un cri de frayeur, le cheval tombe et disparaît avec son cavalier dans la ravine. Towah ! c'est bien Towah ! Towah le relève et pique ses flancs à coup de couteau. Il avance ! il avance !

Rosen était à la fenêtre. Sa volonté faisait un effort pour déchirer le bandeau qui couvrait sa vue. Il eût voulu deviner de loin la nouvelle apportée, sur le visage de son messager.

Un second cri de Carmencita le fit tressaillir.

— Il tombe encore, dit-elle ; il se relève et regarde

son cheval abattu... il continue sa course : le cheval est mort.

— L'Indien a-t-il les pieds nus ? demanda Rosen.
— Oui, nus et sanglants.
Rosen pensa tout haut :
— Il n'est pas encore vengé !
— Un quart d'heure après, sur les ordres donnés par la fille du seigneur alcade, Towah était introduit dans la prison.

La sueur inondait sa tête rasée, rabattant la longue touffe qu'il gardait au sommet du crâne.

Il se posa debout au milieu de la chambre, immobile et muet. Son souffle épuisé soulevait sa poitrine par soubresauts. Suivant la coutume de sa race, il attendait pour parler qu'on l'interrogeât.

— Qu'as-tu à m'apprendre, Towah ? demanda Rosen dont la voix tremblait.
— La Langue-Dorée, répliqua l'Indien, a volé deux fois le mayor ; il lui a pris aussi sa fiancée.

Rosen pâlit affreusement et tomba dans les bras du P. Lekain.

Towah, toujours droit et immobile, gardait maintenant le silence.

— Cet homme est vivant ? prononça Rosen avec effort.

L'Indien montra ses pieds nus.

7

— Je l'ai tenu sous mon tomahak, répondit-il ; mais il y a des soldats dans ces grands villages. Towah a passé deux lunes en prison.

Rosen n'interrogea plus.

Il resta plus d'une heure la tête entre ses mains.

Au bout de ce temps, il dit :

— Il faut que je parte.

Le prêtre et Rosario se regardèrent, pensant qu'il délirait, mais Carmen répondit :

— Albert, vous partirez, puisque vous le voulez.

Rosen crut avoir mal entendu, elle ajouta :

— Towah ! allez préparer des chevaux ; à la nuit, votre maître sera au pied des remparts.

Towah fit un pas pour sortir. Avant de franchir le seuil, il se ravisa et vint s'agenouiller devant Carmen.

— Pourquoi celle-là n'est-elle pas la fiancée du mayor? murmura-t-il ; mais les visages pâles n'aiment que celles qui les trahissent !

Quand Towah fut parti, Carmen dit au comte Albert :

— Cavalier, vous avez raison, il faut défendre votre bonheur.

— Mais, objecta Rosario, pour sortir de ce lieu il faudrait des ailes.

— Il y a longtemps, répondit Carmen, que je

songe à cela. J'ai beaucoup de douleur à me séparer de mon frère, et c'est en pleurant que j'ai tressé la corde de soie à l'aide de laquelle il descendra au bas des remparts.

Rosario l'embrassa et le prêtre la bénit.

Rosen mit un genou en terre à la place que Towah venait de quitter. Il ne put prononcer une parole. Ses larmes inondaient les mains de Carmencita.

Au tomber du jour, Carmen, Rosen, le prêtre et Rosario étaient encore réunis dans la prison. Carmen attachait de sa propre main la corde de soie aux barreaux de la fenêtre. Elle se pencha. La corde n'atteignait que les deux tiers de la longueur voulue.

— Je sauterai, dit Rosen.

Car il venait d'entendre le rauque signal de Towah dans le fossé.

Dona Carmen le retint au moment où il mettait le pied sur l'appui de la croisée, elle dépouilla vivement son *reboso* de soie, cette mantille qui fait si belles les filles du Mexique ; en même temps, Rosario dénoua son écharpe et le P. Lekain donna sa pélerine et sa ceinture. Avec ces divers vêtements, coupés en lanières et tressés rapidement, les deux femmes allongèrent la corde.

Mais la corde était encore trop courte.

Rosen entendit Carmencita qui murmurait :

— Il est aveugle, il ne saura pas...

Quoi donc ? Rosen entendit encore le prêtre qui répondait :

— Chère fille, vous avez un généreux cœur !

Puis il y eut un bruit de ciseaux qui grinçaient en tranchant une abondante chevelure.

Le comte Albert prêtait l'oreille : il savait, on le lui avait dit, que Carmen avait de magnifiques cheveux noirs : il les devina tombant en flots d'ébène sur le sol qu'ils baignaient.

Mais il ne devinait pas le pourquoi de ce sacrifice.

De ses beaux cheveux coupés et mis en tresses, dona Carmen allongea la corde, qui, cette fois, balaya l'herbe au pied de la tour.

— Partez, dit-elle, et soyez bien heureux.

Georges Leslie appuya son mouchoir contre son front où il y avait des gouttes de sueur.

Hélène avait un poids sur la poitrine et ses yeux se remplissaient de larmes.

VI

LE PACTE

Georges but une gorgée d'eau, et la marquise lui dit :

— Reposez-vous un instant, monsieur Leslie. Tout cela est d'un intérêt prodigieux !

— Je n'en ai pas pour longtemps désormais, madame, répliqua Georges, et je désire reprendre tout de suite.

Nous devons dire ici que depuis quelque temps les allures de M. le vicomte Henri de Villiers avaient changé.

Pourtant, ces choses ne le regardaient en rien

assurément. Il n'avait jamais vu le comte Albert de Rosen.

Il approuvait du bonnet les endroits dramatiques, et servait le thé discrètement, à petit bruit. Bref, jamais gentilhomme ne se donna l'air plus parfaitement dégagé de toute préoccupation que M. le vicomte Henri de Villiers pendant le récit de Georges Leslie.

Une fois, il murmura à l'oreille de la marquise en montrant Hélène :

— Mais voyez donc comme ma belle cousine prend ce roman au sérieux !

— Ah! mon ami, répondit la marquise, elle a raison : c'est charmant... charmant ! quelles aventures il vous arrive dans ces pays-là ! je sais bien à quoi notre Hélène pense : elle regrette les beaux cheveux de Carmencita !

Henri de Villiers essaya de sourire.

Les vicomtesses s'avouaient toutes au fond du cœur que leur dévouement, en un cas très-pressant, eût été peut-être jusqu'à sacrifier la robe de soie et même la mantille ; mais la chevelure !

Surtout une chevelure tombant jusqu'aux talons ! On n'en fait plus guères à Paris.

Il y eut une baronne pourtant qui se dit bravement : « J'aurais fait cela ! » Mais cette baronne portait une natte de dix louis.

— Mon Dieu ! dit M. de Villiers, la senorita en a été quitte pour se coiffer à la Ninon.

— Nous avons Mᵐᵉ la duchesse de Rivas, ajouta la marquise ; ces messieurs la proclament éblouissante : Elle porte les cheveux courts et n'en est pas moins belle.

— C'est demain son grand bal, fit le vieil O'Brien ; ce sera splendide, mesdames, à ce qu'on dit.

La marquise réclama le silence et Georges Leslie poursuivit :

— Quelques minutes après, le mayor et Towah galopaient dans la prairie.

Towah tenait le cheval du mayor par la bride.

Carmen était sans doute à sa fenêtre, écoutant le pas des chevaux qui allait mourant dans les herbes. Depuis lors, le comte Albert n'a jamais entendu la douce voix de Carmencita.

Tant que dura la nuit, ils coururent. Au lever du jour, les collines couvertes de forêts qui accompagnent le cours du rio Gila se montraient au lointain.

— Nous avons marché jusqu'ici droit au nord, dit Towah : faut-il tourner à gauche vers le Goldendagger ? faut-il tourner à droite pour gagner les Etats du nord-est ?

— Nous allons à Baltimore, répondit le comte Albert.

Towah, sans mot dire, changea la direction du voyage.

Aux confins de la plaine, ils prirent deux montures fraîches dans un troupeau de chevaux demi-sauvages. Ils ne ralentirent leur course qu'après avoir mis le rio Gila entre eux et ceux qui pouvaient les poursuivre.

— Ménageons nos chevaux, dit Rosen ; passé la sierra de los Mimbres, nous ne trouverons plus de troupeaux.

— On vend des chevaux à Santa-Fé, répondit l'Indien.

Le comte sourit tristement et murmura :

— As-tu de l'argent pour les payer ?

Towah tira de sa ceinture une longue bourse pleine d'or et la fit sonner.

Le comte s'arrêta.

— Pendant que Towah attendait le mayor au pied du rempart, la nuit dernière, dit le Pawnie, cette bourse est tombée près de lui, du haut de la tour.

Le comte joignit les mains et prononça le nom de Carmen dans son cœur.

Tantôt à pied, tantôt à cheval, les voyageurs traversèrent la chaîne des Osiens (*Mimbres*) et l'autre branche des montagnes Rocheuses. Rosen se fit raconter plus d'une fois en chemin la triste histoire d'Ellen.

Towah n'avait ni les idées ni les mœurs de nos civilisations, il arrangeait les faits à sa manière. Rosen traduisait son récit.

Voici ce qui avait dû se passer à Baltimore :

Quand le Français que Towah appelait la Langue-Dorée, et à qui je donnerai le nom d'Edouard, arriva à Baltimore, Ellen attendait depuis plus d'un an déjà.

Les lettres que Rosen lui avait écrites n'étaient point parvenues à leur destination. Ellen était inquiète sans doute. Je ne vous répéterai point qu'Ellen était très-belle : ceux d'entre vous qui ne l'ont point connue n'ont qu'à jeter un coup d'œil sur le charmant visage de Mlle de Boistrudan ; on dirait les deux sœurs. Le Français Edouard la vit et l'admira.

Je suis en France, je reçois ici l'hospitalité chez la veuve d'un gentilhomme français ; cela seul m'obligerait à modérer mes paroles, mais je n'en ai pas besoin. Rosen aime et respecte la noblesse française sans se dissimuler qu'au sein de cette noblesse il existe des membres indignes.

Edouard était gentilhomme : Edouard avait commis au préjudice de Rosen, dans la Sierra-Nevada, un vol lâche et perfide.

A Baltimore, Edouard se rendit coupable d'un mensonge odieux.

Il s'introduisit dans la famille Talbot ; il parla, je dois noter cette circonstance qui lui servit de passeport, il parla de Paris ; il prononça des noms amis, surtout un nom plus chéri que les autres ; il parla de Mme et de Mlle de Boistrudan...

— Comment ! s'écria ici la marquise, cet homme était donc de notre connaissance?

Ce ne fut pas Georges Leslie qui répondit.

Le vicomte Henri de Villiers prit la parole d'un ton bref et sûr de son fait :

— Chère cousine, dit-il en clignant de l'œil à l'adresse de la marquise, tout ce que M. Leslie vous raconte là est de la plus exacte vérité. Vous sentez bien que je n'ai pas été sans connaître les détails de cette déplorable histoire. A moins que M. Leslie n'exige formellement le contraire, je vous dirai le nom de M. Edouard, mais à vous seule !

Le vieux général O'Brien leva sur Henri de Villiers un regard stupéfait.

Georges Leslie répondit avec calme :

— Je n'exige rien, monsieur le vicomte, cette histoire est à vous comme à moi, plus qu'à moi, peut-être, car je crois que vous l'avez sue le premier.

Le vicomte Henri salua de la main et envoya à Leslie un très-gracieux sourire.

Leslie lui rendit son salut avec son sourire, mais le sourire de Leslie était froid et légèrement railleur.

— Mistress Talbot et sa fille, reprit-il, vivaient fort retirées depuis la mort si malheureuse du chef de la maison. Cet Edouard dont M. le vicomte sait le nom comme moi (Henri secoua la tête d'une manière affirmative et le vieil O'Brien s'agita sur son siége), cet Edouard fut admis chez les dames Talbot.

Il connut bientôt leur situation.

La première fois qu'on parla du comte Albert de Rosen devant lui, il affecta tout-à-coup un profond chagrin ; et comme on l'interrogeait, il inventa une fable : le comte était mort sous les coups des Mexicains ; il avait vu son cadavre...

— Mais c'est un monstre que cet homme ! s'écria la marquise indignée.

— Un monstre ! répéta Hélène.

— A qui le dites-vous ! murmura le vicomte Henri. Encore M. Georges Leslie raconte-t-il tout cela avec un extrême modération.

— Il n'exagère rien, n'est-ce pas ? dit le vieux général, qui le regardait en face.

— Au contraire... au contraire! fit par deux fois Henri de Villiers.

Puis se rapprochant de la marquise et d'Hélène :

— J'ai été vingt fois sur le point de vous raconter cela, dit-il ; mais j'avais appris indirectement la liaison d'Hélène avec la pauvre miss Talbot. Je craignais de lui causer de la peine.

La marquise l'attira jusqu'à elle ; la curiosité la tenait à la gorge.

— Le nom ! fit-elle tout bas, le vrai nom !

— Demain, répliqua le vicomte en se dégageant, je viendrai de bonne heure.

— J'abrége désormais les détails, mesdames, continua Georges Leslie, au moins en ce qui regarde miss Talbot. Je sens que vous la jugerez avec sévérité, quoiqu'elle ait été cruellement punie. Tous les cœurs de femme ne ressemblent pas à celui de Carmen. Miss Talbot croyait avoir perdu son fiancé. Cet Edouard était beau, brillant ; il offrit sa main, on l'accepta...

— Quoi! sitôt ! ce fut le cri général.

Les choses en effet, répondit Georges, furent accomplies avec une précipitation bien malheureuse, car le mariage, célébré selon les rites de je ne sais quelle secte dissidente, à cause des résistances de mistress Talbot, fut attaqué comme nul...

— Par cet Edouard ? demanda la marquise.

Ce fut M. le vicomte de Villiers qui fit un signe de tête affirmatif. Georges reprit :

— Six mois après la célébration des noces, Ellen au désespoir était abandonnée et menacée du dernier malheur, car elle allait être mère.

Voilà tout ce que le comte Albert sut avant d'arriver à Baltimore. Il dit à Towah, quand le récit de l'Indien fut achevé :

— Je donnerais la moitié de mon sang pour la protéger ou la venger... mais je suis aveugle !

— En allant et en revenant, répondit le Pawnie, Towah a cueilli des plantes qui rendront la vue à son maître. En attendant, Towah peut tuer.

Le comte Albert n'est pas de ceux qui se vengent par la main d'autrui.

Après huit jours de marche, les voyageurs atteignirent les sources de l'Arkansas ; le paquebot remontait dès lors jusqu'à Kiew. Rosen et Towah s'embarquèrent, et le soir même Rosen se mit entre les mains de son médecin Towah.

Il ne demanda point quelle était la composition du remède préparé par l'Indien.

Towah avait passé la meilleure partie du jour à faire bouillir des simples.

Avant de présenter le breuvage à son maître, il

fit des passes au-dessus du vase et prononça des paroles magiques.

Pendant que Rosen buvait, Towah chanta et dansa.

— Le père de Towah guérissait les aveugles, dit-il ; je fais comme faisait mon père. Pourquoi ce breuvage guérit, Towah l'ignore, et qu'importe ?

Rosen s'étendit sur son lit.

Towah lui imposa les mains et Rosen fut pris d'un irrésistible sommeil.

Quand il s'éveilla, l'Indien lui dit :

— Vous avez douze heures à dormir. Ne portez pas la main au bandeau qui couvre votre front ; dans cinquante jours vous verrez la lumière.

La traversée pour descendre l'Arkansas, remonter le Mississipi et l'Ohio, dura plus d'un mois. Chaque soir, Towah pansait le comte et lui mettait sur le visage une bandeau composé de larges feuilles enduites d'onguent.

Le pansement fait, Towah opérait l'imposition des mains et le comte s'endormait. . . . . . .
. . . .

La voix de Georges Leslie devint tout à coup sourde et plus brève.

— C'était, dit-il, par une nuit d'août, chaude et

pesante ; les maisons de Baltimore étaient muettes : la ville dormait.

Towah conduisait par la main le comte Albert de Rosen dans les rues désertes.

Les jambes du comte fléchissaient sous le poids de son corps.

Towah s'arrêta devant une maison de modeste apparence dans Long-Island Strett et dit :

— C'est là !

— Vois-tu de la lumière aux croisées? demanda Rosen.

— Je vois de la lumière, répondit Towah ; on ne dort pas. Je vois des ombres qui vont et viennent.

— Alors, frappe !

L'Indien souleva le manteau de la porte.

— Est-ce vous, enfin, monsieur Edouard? demanda une voix à l'intérieur. Avez-vous entendu la prière de la pauvre jeune dame?

— Oui, répondit le comte Albert par une inspiration soudaine.

La porte s'ouvrit aussitôt, et la nourrice d'Ellen Talbot, prenant les deux mains de Rosen :

— Monsieur Edouard! monsieur Edouard! dit-elle en sanglotant, votre femme vient de mettre au monde un pauvre petit ange, la laisserez-vous mourir?

— Margaret, dit le comte, je suis Albert de Rosen, et je veux parler à Ellen.

Margaret recula et se couvrit le visage de ses mains...

. . . .

. . . .

Le Français Edouard vint aussi, ce soir-là, non point parce qu'il avait reçu la lettre de sa femme, mais il voulait se conduire en « gentleman » comme ils disent là-bas, même quand il s'agit d'infamies. Il voulait en finir « convenablement, » et offrir quelques arrangements d'intérêt dérisoire.

Ce fut le comte Albert qu'il rencontra au salon.

Ces deux hommes ne se sont trouvés que cette seule fois en face l'un de l'autre.

Le comte Albert, qui était alors aveugle, ne put voir le Français; le Français ne put voir le comte Albert, dont le visage presque en entier disparaissait sous le masque de son appareil.

Le Français dit :

— La loi est la loi, je ne suis pas lié.

— Vous refusez de rendre justice à votre femme? demanda Rosen, qui tenait son cœur à deux mains.

— Je refuse, répondit le Français.

Il fit un mouvement pour se retirer.

— Restez, dit le comte ; si vous sortez d'ici sans ma permission, vous êtes un homme mort !

— Un assassinat ! s'écria le Français.

— Un châtiment ! prononça Rosen, qui le saisit par le bras.

Une plainte faible passa au travers de la cloison.

Ellen appelait.

— Écoutez ! fit Rosen ; si vous régularisez loyalement le mariage, je vous fais don de tout l'or que vous m'avez volé.

Le Français se mit à rire.

— Si vous ne voulez pas, continua Rosen, je vous provoque en duel.

— Vous ! répartit Edouard avec sarcasme ; un aveugle !

— Duel à mort et sans merci, poursuivit Rosen d'une voix lente. Qu'importe le bandeau qui couvre ma vue ? Nous serons en face l'un de l'autre, ma main sur votre épaule, votre main sur la mienne...

— Et la justice s'emparera du vainqueur ! fit Edouard raillant toujours.

— J'ai prévu cela, répliqua Rosen, je sais guider ma plume sans le secours de mes yeux. Nous rédigerons chacun un acte ainsi conçu : « Je meurs volontairement et de ma propre main. » Je vous donnerai ma signature, vous me donnerez la vôtre. Celui qui survivra déposera l'écrit auprès du cadavre.

Le Français voulut rejeter bien loin cette proposition ; mais Rosen lui dit :

— Towah est là ; il est armé : vous n'avez pas le choix.

— Soit ! s'écria enfin le Français ; nous nous battrons dans une heure. J'ai un devoir à remplir, je reviendrai avec mes armes.

— Signez d'abord, fit Rosen.

Il avait fait disposer d'avance sur la table ce qu'il faut pour écrire.

Il traça le premier, en gros et lisibles caractères la formule que nous venons d'entendre et signa : Comte Albert de Rosen.

Le Français saisit la plume à son tour. Il écrivit la formule.

Rosen entendit le bruit de la plume qui grinçait en traçant le parafe.

— Quel nom avez-vous signé ? demanda-t-il.

— Edouard, répondit le Français.

Rosen prit le papier et le déchira.

Ceci est le nom du voleur et du ravisseur, dit-il, je veux le nom du gentilhomme : le vrai nom.

Le poing du Français frappa la table.

— Pas de bruit! dit Rosen ; il ne faut pas qu'elle nous entende. Recommencez, je sais votre vrai nom, aussi bien que vous.

En même temps il appela Margaret, qui parut.

— Éveillez votre fils, ordonna-t-il.

Margaret avait un fils de dix ans. L'enfant vint. Rosen renvoya Margaret.

Le Français hésita un instant avant d'écrire, mais enfin il se soumit.

Quand Margaret était entrée, il avait vu dans le demi-jour du vestibule la sombre figure de Towah, qui avait le tomahak à la main.

Rosen entendit une seconde fois le bruit du parafe.

— Donnez le papier à l'enfant, dit-il.

Et quand le petit garçon eut le papier :

— Lis, Nicolas, mon fils, reprit le comte Albert, tu auras un dollar pour t'acheter des puddings.

L'enfant épela d'une voix claire, et comme s'il eût dit une des leçons de l'école paroissiale, l'énoncé terrible du pacte : « Je meurs volontairement et de ma propre main. Signé... »

Toutes les oreilles se tendirent à la fois dans le salon de Mme de Boistrudan.

La marquise se leva toute droite, tandis que, par contraste, le vicomte Henri de Villiers se laissait aller sur un siége.

Georges Leslie, tout entier à l'émotion de son récit, aurait peut-être prononcé le nom qu'il voulait taire, si le général O'Brien n'eût pris la parole tout à coup :

— Signé, le vrai nom du Français, dit-il en ricanant, on aime mieux ne pas le prononcer, car il pourrait avoir ici des connaissances.

Les vicomtesses l'eussent volontiers battu. La marquise promit de ne lui pardonner de sa vie.

Henri de Villiers essaya de sourire.

— Pour le coup, fit-il en remontant sa cravate, le nom vient de l'échapper belle !

— Signé, répéta Georges d'une voix sévère ; le vrai nom du Français voleur et ravisseur. Rosen donna un dollar à l'enfant et serra le papier dans son portefeuille.

Il dit au Français :

— Vous avez une heure. Towah vous suivra.

Et à Towah :

— S'il tente de s'évader...

Towah toucha son tomahak.

Le Français et Towah sortirent.

A peine étaient-ils dans la rue, que Towah tomba assommé d'un coup de fléau par derrière.

Mohican, le valet du Français, était en embuscade à la porte de la maison.

Le Français et Mohican s'embarquèrent le jour même à Annapolis, dans la baie de Chesapeak, sur un paquebot qui faisait voile pour le Havre.

— Cet homme ne pouvait manquer d'être un lâche! dit Hélène dont le regard brillait de courroux, et qui avait du sang aux joues; je m'attendais à cela!

Elle prononça ces mots d'une voix résolue et haute.

Chacun s'étonna dans le boudoir de la marquise, car Hélène était une jeune fille timide.

Georges Leslie tourna les yeux vers elle. Son regard semblait rendre grâces.

— J'ai fini, reprit-il, en réclamant le silence d'un geste : j'ai raconté les faits tels qu'ils se sont passés. Les histoires vraies n'ont pas toujours de ces dénoûments tragiques qui satisfont pleinement la curiosité...

— Mais cette pauvre Ellen? demanda la marquise.

— Elle n'était pas encore tout à fait morte quand j'ai quitté les Etats-Unis.

— Et son enfant?

— Son enfant vit : c'est une charmante petite fille.

— Et cette bonne mistress Talbot?

— Mistress Talbot est comme folle ; son chagrin la tuera.

La rumeur générale couvrait cet interrogatoire particulier.

— Le comte Albert! disaient ces dames en chœur, que devint le comte Albert de Rosen?

— Je ne sais, répondit Georges.

— Recouvra-t-il la vue?

— Tant que j'ai habité Baltimore, le comte Albert était aveugle.

— Towah ne l'avait donc pas guéri?

— Le délai de cinquante jours n'était pas encore expiré.

— Et Towah lui-même?

— Towah est un Indien : Il suivra Mohican, qui lui appartient selon la loi des vengeances indiennes, jusqu'au bord de son tombeau.

— En somme, l'histoire ne finit pas!

— Elle finira, mesdames, répliqua Georges Leslie, dont la voix sonore prit des accents plus graves ; et voulez-vous me permettre de vous exposer, comme disent les articles politiques, l'état de la question?

Voici deux hommes qui se sont fait mutuellement, par écrit, cession et abandon de leur vie. Ne prenez pas la chose pour invraisemblable. C'est ce qu'on appelle là-bas un *duel américain*.

Le pacte est parfait, solennellement consenti des deux parts. L'un de ces deux hommes a mis l'Océan derrière lui : pauvre barrière! Il ne faut pas deux semaines pour franchir l'Océan. New-York est plus près de Paris que ne l'était jadis Marseille ou Pau. Le comte Albert viendra. Il y aura mort d'homme... et si bientôt vous voyez disparaître de votre noble cercle quelque brillant cavalier... un accident, un décès subit et mystérieux, que sais-je, moi? mesdames, vous vous souviendrez du temps que vous avez perdu à m'écouter, et vous direz : Ceci est le dénouement de l'histoire.

Georges reprit sa position indolente, appuyé de nouveau au marbre de la cheminée.

Un long murmure s'éleva dans le boudoir.

Ce fut la voix de M. le vicomte Henri de Villiers qui domina toutes les autres. Le vicomte parlait avec volubilité. Il disait à ses voisins :

— Je puis vous certifier que c'est exact! absolument exact! Ces diables de Yankees sont ainsi faits. Leurs duels ressemblent comme deux gouttes d'eau à des assassinats. Et notez que ce Français dont parle

M. Leslie n'a pas même la ressource de faire sa déclaration aux magistrats de notre pays ; pour se mettre à couvert, il serait obligé de donner son secret. Il y a là une impasse ; le déshonneur ou la mort...

— A moins, reprit-il plus bas, qu'il ne prévienne ce comte Albert et qu'il ne gagne la partie.

— Le comte Albert a l'avantage, dit auprès de lui la voix du vieil O'Brien, qui le fit tressaillir ; bien peu de personnes pourront dire au Français : « Celui-là est le comte Albert de Rosen, » tandis que le comte Albert de Rosen a un ami qui lui a dit déjà peut-être : « Celui-ci est... »

— Enfin, nous verrons, nous verrons ! interrompit précipitamment le vicomte.

Le général O'Brien se retourna pour répondre à la marquise, qui l'appelait.

— Est-ce que vous connaissez beaucoup ce M. Georges Leslie ? demanda-t-elle.

— Beaucoup, répondit le général ; je me suis trouvé avec lui sur le bateau à vapeur de Douvres à Calais.

— C'est tout ?

— C'est tout... et c'est assez : un charmant garçon, n'est-ce pas ? qui pense bien et raconte les histoires...

Il se baisa le bout des doigts.

— Ah ! parfaitement ! dit la connaisseuse marquise.

— Nous le caserons, reprit le vieil O'Brien ; tenez, le voilà qui aborde mademoiselle votre fille... il a, ma foi, très-bon air !

En ce moment, un domestique annonçait le thé servi dans le jardin d'hiver.

Les deux portes-fenêtres du salon donnant de plain-pied sur la serre venaient de s'ouvrir et laissaient entrer les tièdes parfums des plantes tropicales.

Dans le mouvement qui eut lieu parmi les convives de la marquise, Georges Leslie s'était rapproché d'Hélène.

— Mademoiselle, dit Georges, qui sembla faire effort pour surmonter sa timidité, chez nous, en Amérique, les usages sont tout autres qu'en France. Je ne sais s'il est convenable, à Paris, de demander à une jeune personne pour qui on professe le plus profond respect, un entretien particulier...

Hélène ne put s'empêcher de sourire et répondit :

— Non, monsieur, cela n'est pas convenable.

— Pourtant, si l'on a quelque chose de bien important à lui dire ?

— On lui parle en présence de sa mère, monsieur.

— Si la mère doit ignorer...

— Ici, monsieur, interrompit Hélène, nos mères ne doivent rien ignorer.

— Alors, mademoiselle, dit Georges, il me sera impossible de remplir auprès de vous la commission dont miss Talbot m'avait chargé.

— Ellen ! fit la jeune fille vivement.

Georges Leslie fit effort pour retenir une parole qui pendait à sa lèvre.

Il salua en silence et se retira.

VII

NUIT D'HIVER

Au moment où Georges allait franchir le seuil du petit salon, il se trouva en face de la marquise et du vicomte Henri.

La marquise disait :

— Comment, comment, mon cousin, vous voulez que je vous présente à ce M. Leslie ? mais vous n'y pensez pas ? c'est un pauvre garçon qui cherche une place. Je vais retourner la chose, et vous le présenter, si vous le permetttez. Voici justement M. Leslie !

— Eh bien ! monsieur Leslie, continua-t-elle, le

général vient de m'entretenir à votre sujet, vous avez là un très-chaud protecteur. Bien certainement, avec votre intelligence et l'acquit que vous avez rapporté de vos voyages, vous trouverez un bon emploi à Paris. Henri, je vous présente M. Georges Leslie, en vous le recommandant tout particulièrement.

Le vicomte répondit :

— Je suis enchanté de faire la connaissance de M. Georges Leslie.

La marquise les quitta pour rejoindre son monde dans la serre.

Henri et Georges restèrent en face l'un de l'autre. Henri parla le premier :

— Vous deviez vous attendre à me voir me rapprocher de vous, dit-il avec une certaine hésitation et comme s'il eût cherché ses paroles.

— Je m'y attendais en effet, répliqua Georges.

Henri tendit sa main, que Georges prit sans difficulté.

— N'avez-vous rien à me dire? continua le vicomte; après un silence où son regard avait interrogé vainement.

— Rien, fit Georges.

Il ajouta pourtant :

— Quand j'ai à causer, il faut que je sois à l'aise.

Le vicomte lui serra la main et dit:

— Je vous comprends, nous sortirons ensemble.

— Non, répartit Georges, je ne peux pas sortir avec vous.

Henri lui jeta un regard surpris et soupçonneux.

— Refusez-vous aussi de monter dans ma voiture? demanda-t-il.

— J'aime à marcher par ces temps froids, répondit Leslie. Comment appelez-vous ce pont qui est ici près, devant les Tuileries?

— Le Pont-Royal.

Georges consulta sa montre.

— Dans une demi-heure, dit-il, je vous attendrai sur le Pont Royal, si vous voulez.

— Soit, répartit le vicomte, dans une demi-heure.

Ils se séparèrent, et Georges aborda le vieux général, qui lui demanda:

— Etes-vous content?

— Dans une heure nous saurons cela, répondit Georges.

Après quoi, il gagna le vestiaire, s'enveloppa dans son manteau et sortit.

Sur le quai d'Orsay le singulier homme que nous avons vu accroupi dans l'enfoncement d'une petite porte, sous le mur du jardin de l'hôtel de Boistrudan, était encore à la même place. Il avait la tête entre ses deux mains et restait complétement immobile.

Le poste de la rue Bellechasse était tout près de là, et plusieurs rondes avaient passé sur le quai. Personne n'avait aperçu l'homme, dont la couverture grise se confondait avec les tons gris du vieux mur.

Par le froid qu'il faisait, on eût pu croire que le pauvre diable était engourdi et gelé dans sa niche.

Quelques minutes après que Georges Leslie eut quitté le salon de la marquise, un pas rapide se fit entendre dans la neige, du côté de la rue Bellechasse. Un homme, drapé dans un manteau, tourna l'angle du corps de garde et s'engagea sur le quai, remontant sur la place de la Concorde.

L'individu accroupi sous la porte du jardin de Boistrudan n'était ni engourdi ni gelé, car il fit un mouvement de tête au bruit étouffé du pas sur la neige.

Il écarta un peu la couverture qui retombait sur son oreille, et se prit à écouter attentivement.

L'homme au manteau allait passer auprès de lui sans le voir, quand un son rauque et guttural sortit de dessous la couverture.

L'homme au manteau s'arrêta court.

— Tu es là? dit-il, viens avec moi, il est temps.

L'autre se dressa aussitôt comme un ressort.

C'était un gaillard de grande taille, droit comme un I. Sa couverture flottait autour de lui jusqu'à terre.

Quand il marcha, on n'entendit aucun bruit.

L'homme au manteau et lui se dirigèrent vers la rue Bellechasse.

Quand ils passèrent devant la sentinelle du corps de garde, celle-ci s'arrêta pour contempler notre pauvre diable.

— Te voilà levé de bonne heure, Bédouin! dit le soldat entre ses dents.

On ne lui répondit pas; mais à ce moment un souffle de vent saisissant la couverture au coude de la rue, la fit onduler en arrière.

La sentinelle se dit:

— Drôle de citoyen, tout de même! les pieds nus dans la neige et la figure peinte en rouge! Après ça, c'est bientôt le carnaval.

Dans la rue de Lille, devant le portail de l'hôtel de Boistrudan, une longue ligne d'équipages stationnait.

L'homme à la couverture se planta debout au milieu de la rue et resta immobile.

Son compagnon traversa la chaussée. Il s'accota

dans l'angle de la porte cochère qui faisait face à l'hôtel de Boistrudan.

Avant de quitter l'homme à la couverture, celui qui portait un manteau avait dit :

— Tu es bien sûr de le reconnaître ?

— Towah reconnaîtrait la Langue Dorée entre mille ! répliqua l'homme à la couverture.

— Quand il paraîtra sur le seuil, je sifflerai... regarde-le bien.

Quelques rares cochers qui ne s'étaient pas endormis sur leurs siéges, remarquèrent ce singulier personnage, drapé comme un fantôme et droit comme un piquet dans la neige couleur de cendre qui saupoudrait la chaussée.

A Paris, tous les costumes sont bons à ces bohémiens, qui rôdent autour du bonheur riche comme le moineau franc vient sautiller et becqueter aux environs des logis campagnards. On le prit pour un abatteur de marchepieds.

Il faisait un froid aigu et vif, assaisonné d'un méchant vent du nord-est qui coupait le visage. Quand les cochers s'éveillaient, ils battaient des bras tant qu'ils pouvaient pour rétablir la circulation du sang. Towah semblait insensible au froid. C'était une statue.

Le vent du nord-est apporta le son de l'horloge

des Tuileries, qui tinta quatre heures après minuit.

Un mouvement se fit à l'intérieur de l'hôtel, dont le portail s'ouvrit à deux battants.

Les voitures entrèrent. Sous le péristyle, la voix éclatante des valets de pied cria les nobles noms des invités de la marquise.

Towah se glissa entre deux équipages et se tint debout au-devant du grand perron.

— La voiture de M. le vicomte de Villiers, cria un valet.

Un coup de sifflet traversa la rue.

Towah se glissa jusqu'au pied du perron. Le vicomte descendait. Quand il aperçut tout à coup, devant lui, les yeux ardents du Pawnie qui brûlaient sous son capuce, le vicomte recula comme si quelqu'un l'eût frappé au visage.

Ses paupières se baissèrent malgré lui, et il sentit sa tête tourner.

Quand il releva les yeux, car l'idée lui vint qu'il était le jouet d'une illusion, le fantôme avait disparu.

Henri monta dans sa voiture et dit au cocher:

— Au Pont-Royal!

L'homme à la couverture avait rejoint son compagnon de l'autre côté de la rue.

Il ne dit qu'une parole:

— C'est lui ! Towah l'a reconnu.

Le quart après quatre heures de nuit sonnait au pavillon de l'Horloge.

Un élégant équipage, attelé de deux fiers chevaux noirs, s'arrêta au milieu du Pont-Royal ; la portière s'ouvrit : un homme descendit, qui portait un costume de bal sous une large pelisse garnie de fourrures.

Les chevaux fumants battirent la neige de leurs sabots ferrés à glace.

L'équipage repartit sans son maître.

Deux ou trois autres voitures, qui toutes venaient de l'hôtel de Boistrudan, traversèrent le pont, doucement et sans bruit, comme si elles eussent roulé sur ce tapis de paille que les heureux de ce monde étendent au-devant de leur seuil précisément à l'heure où le niveau de la mort va passer sur tout ce qui les haussait au-dessus de la foule.

Suprême et triste avantage du riche sur le pauvre : le premier a le silence acheté autour de sa couche funèbre ; l'autre meurt gratis et comme il peut. On dit qu'il regrette sa misère comme l'autre son bonheur.

La Justice de Dieu les attend et n'a qu'une seule balance pour tous deux. Qui oserait à ce moment-là plaindre le pauvre ? et surtout envier le riche ?

Quand la dernière voiture eut passé, le pont fut pris par cet étrange silence qui règne dans la nuit parisienne, de deux à cinq heures du matin.

On n'entendait pas même la marche des sentinelles des Tuileries, dont le pas s'étouffait dans la neige; on n'entendait rien, sinon ce bruit craquant et sourd du fleuve qui allait charriant de plus en plus lentement ses énormes glaçons.

Le vicomte Henri de Villiers gagna le trottoir occidental du pont.

Son pas chancelait comme s'il eût été ivre.

Il s'appuya contre le parapet, non pas pour regarder le fleuve, mais pour chercher un soutien.

C'était une nuit éclatante et pleine de clartés: la Seine roulait majestueusement ses îlots flottants, tout blancs de neige. La longue ligne des quais fuyait à droite et à gauche, rayonnant je ne sais quelle mystérieuse lumière; les réverbères, assombris par le contraste, jetaient, à des intervalles régulièrement rapprochés par la perspective, leur lueur moins pure.

Sur la droite, la grande masse des arbres des Tuileries, noire à l'œil, malgré l'arête blanche que chaque rameau portait a sa partie supérieure, se détachait sur l'azur profond du ciel.

C'était une belle nuit, calme et grande, mais triste.

Le vicomte Henri de Villiers appuya sa tête entre ses deux mains.

Ses pieds glacés envoyaient tout son sang au cerveau.

Son front brûlait.

Il regardait sans les voir les larges glaçons qui déjà mettaient du temps à passer sous le pont et qui retardaient le cours du fleuve, fatigué d'une charge si pesante. Parfois son œil en suivait un, machinalement et malgré lui, jusqu'à ce que le glaçon se perdît au lointain dans l'horizon de la rivière immobile.

Un frisson le secoua de la tête aux pieds.

— Oh! fit-il en se redressant et comme si son orgueil se fût révolté soudain; j'ai vu la mort face à face: j'ai joué avec le péril: ce n'est pas moi qu'on peut accuser d'avoir peur!

Mais le frisson redoubla et ses mâchoires claquèrent.

— C'est la fièvre, dit-il encore; j'ai la fièvre, je souffre!

Le long du quai d'Orsay, toutes les maisons étaient noires. Seul, l'hôtel de Boistrudan, qu'on apercevait au loin, gardait des lumières à ses croisées.

L'œil du vicomte rencontra ces lueurs qui brillaient à travers les grands arbres dépouillés de la berge. Il détourna vivement son regard.

Le nom d'Hélène vint à ses lèvres.

— Je n'ai pas peur, répéta-t-il ; mais j'ai mis mon bonheur dans la pensée de ce mariage... je n'ai que trente ans, l'espoir d'être heureux me purifierait le cœur... Tandis que si mon espérance est brisée...

— Et Paris tout entier qui saurait ! reprit-il.

Il eut comme un sanglot. Ses deux coudes se vautraient dans la neige du parapet, pendant que ses mains crispées serraient ses tempes avec force.

— Un gentilhomme déshonoré, pensait-il tout haut, tombe bien plus bas qu'un autre !

Un vaste craquement se fit en amont et en aval, un craquement composé de petits chocs secs et successifs. On eût dit que, du Cours-la-Reine au pont du Carrousel, tous les glaçons se rejoignaient l'un après l'autre. Le bruit venait d'aval et remontait à la vieille ville.

Le bruit grandit, puis s'en alla mourant.

Un silence profond se fit.

Les glaces cessèrent de glisser sous les arches du

Pont-Royal. Le fleuve paralysé se tut en même temps qu'il s'arrêta. La flamme des réverbères, qui tout à l'heure encore se mirait, tremblante, dans l'eau, frappa sans rebondir sur la glace terne.

La Seine perdait à la fois son mouvement, sa voix, ses rayons.

Cette minute où le froid vainqueur enchaîne la vie du fleuve a quelque chose de frappant. Le cœur se serre à voir cette immense léthargie. Bien peu ont pu assister aux derniers instants de la lutte entre l'hiver et le courant qui va chercher sans cesse au fond de l'eau une chaleur nouvelle. C'est la nuit toujours que les frimas parviennent à nouer leur chaîne, et c'est toujours par une de ces nuits polaires où le Parisien préfère à tout l'alcôve ou le coin du feu.

Le vicomte resta un instant distrait de ses pensées.

— Voilà le géant garrotté, murmura-t-il; la main de Dieu est forte!

— L'homme est ainsi, poursuivit-il, revenant à ses préoccupations. La fortune le sert un instant. Le cours de sa vie limpide et facile: c'est l'été. Mais l'heure vient où la chance tourne. La destinée l'a pris dans ses serres de vautour. Il se débat en vain. Son sang se fige et sa pensée meurt; c'est l'hiver!

— Mais, reprit-il en livrant au vent froid sa tête nue, qu'un rayon de soleil vienne à briller demain, le fleuve réveillé brisera ses entraves. Le printemps succède à l'hiver, l'homme aussi a ses saisons de malheur et de bonne chance. J'ai gagné, depuis que j'ai l'âge de raison, des parties bien difficiles... je ne crois pas que mon heure soit encore sonnée, et je veux combattre, à tout le moins, avant de m'avouer vaincu !

— Voyons, voyons ! ajouta-t-il ; le temps presse, il faut savoir ce qu'on veut dire et ce qu'on veut faire, car cet homme va venir.

Il se releva et fit quelques pas sur le trottoir ; mais son cerveau rebelle se cabrait sous l'effort de sa volonté.

— C'est bien vrai qu'elle ressemble à Ellen ! pensait-il avec une sorte de terreur ; est-ce parce que je sens qu'elle ne m'aime pas ? Elle m'a accepté pour plaire à sa mère, mais qu'elle différence avec Ellen ! Ellen ne voyait que par mes yeux, sa volonté m'appartenait...

— Mes oreilles tintent ! fit-il encore, en s'adossant contre le parapet pour ne point tomber ; qui donc m'a appelé voleur ! et lâche !

Il resta plusieurs minutes le front incliné sur sa poitrine.

— Monsieur le vicomte, dit une voix près de lui, me voici, et je suis à vos ordres.

Georges Leslie, drapé dans son manteau, était à ses côtés.

— Je vous attendais, balbutia Henri.

Puis il ajouta, sans savoir qu'il parlait :

— Je ne pense qu'à elle ! je ne puis penser qu'à elle !

— Eh bien ! monsieur le vicomte, dit Georges lestement, tout est au mieux, puisque votre mariage semble chose faite. A quand la noce, s'il vous plaît ?

— Donnez-moi le bras et marchons, dit Henri au lieu de répondre.

— Marchons, répéta Leslie ; ces nuits sont bonnes pour causer affaire. On est presque sûr de n'être point gêné par les curieux.

Il passa le bras du vicomte sous le sien et le sentit trembler.

— Ah çà ! fit-il, vous avez pourtant fait vaillante contenance là-bas, à l'hôtel de Boistrudan ! Si vous êtes malade maintenant, remettons l'entrevue à demain : j'ai le temps. Voulez-vous que je vous reconduise chez vous ?

Le vicomte pressa le pas et murmura :

— J'ai froid.

— Dix degrés, répliqua Georges ; il faisait plus

froid que cela le jour où nous nous sommes rencontrés au pied du Golden-dagger.

Henri tressaillit violemment et s'arrêta :

— En ce moment, prononça-t-il avec peine, un enfant me tuerait. Profitez de votre avantage si vous êtes le comte de Rosen.

Leslie éclata de rire.

— J'étais sûr que vous auriez cette idée ! s'écria-t-il.

— Puisque vous dites, balbutia le vicomte, que nous nous sommes rencontrés au pied du Golden-dagger !

Georges répondit :

— Je portais un des bras de la civière où le comte Albert était étendu. Regardez-moi bien, vous me reconnaîtrez.

Ils passaient alors sous le grand bec de gaz qui éclairait tout seul et très-mal la place du Carrousel. Le vicomte n'avait pas risqué beaucoup en parlant de meurtre. Cette place découverte et entourée de sentinelles n'était pas favorable pour un duel américain.

Georges ôta son chapeau et présenta son visage à la lumière éclatante du gaz électrique.

Henri le considéra attentivement.

Ce qu'il regardait surtout de toute la puissance

de ses yeux, c'était le bas du front et les alentours des paupières.

— Rien ! murmura-t-il ; serait-il possible que la blessure ou le traitement lui-même n'eût pas laissé la moindre trace !

— C'est toujours le comte de Rosen qui vous occupe, dit Leslie avec un sourire de joyeuse moquerie ; allons, cher monsieur, vous êtes dans la meilleure disposition d'esprit que je puisse désirer ! Je suis revenu du pays de l'or pauvre comme Job ; mais je crois que la chance tourne et que je vais faire fortune cette nuit ! M'avez-vous assez regardé ?

— Marchons ! répartit Henri ; je ne vous reconnais pas pour un des porteurs du brancard ; mais vous n'êtes pas le comte Albert, j'en suis sûr.

— Si j'étais le comte Albert, demanda gaiement Leslie, combien me rachèteriez-vous votre vie ?

— Nous allons causer de cela tout à l'heure. Venez !

Il l'entraîna dans la direction de la rue de Rohan. Georges sentait qu'il se redressait et que son pas devenait plus libre.

— Vous voilà guéri, cher monsieur, dit-il ; faites-moi la grâce de m'apprendre où vous me conduisez.

— Avez-vous peur ? demanda le vicomte, dont la voix s'était tout à coup raffermie.

— Quant à cela, non!

— Désirez-vous faire fortune, comme vous le disiez tout à l'heure?

— Je le désire très-passionnément.

— Suivez-moi donc, et ne m'interrogez plus.

Georges Leslie, obéissant, garda aussitôt le silence.

Ils montèrent la rue de Richelieu, complétement déserte, puis la rue Laffite, puis la rue des Martyrs. Le vicomte marchait maintenant d'un pas assuré.

Auprès de la barrière des martyrs, il s'arrêta et quitta le bras de Leslie.

— Je ne vous parle pas depuis quelque temps, dit-il, parce que je réfléchis, parce que je me sens à deux doigts de ma perte, à deux doigts aussi de mon salut. Vous faites le siége de ma bourse, c'est clair...

— C'est clair! répéta Leslie.

— Vous avez donné l'assaut rudement: mais vous avez gardé pourtant certaine mesure.

— J'ai fait ce qui m'a paru convenable, répondit Leslie, pour prendre vivante la poule aux œufs d'or. Si je vous avais tué, point de rançon! J'ai senti que vous entriez de bonne grâce dans mes vues par l'appui que vous prêtiez à mes paroles. Vous êtes un esprit d'élite, monsieur le vicomte! Supposez que l'idée vous fût venue de me contrecarrer, je laissais tomber ce nom suspendu sur l'avide curiosité de tous ces nobles personnages...

— Cela vaut son prix, c'est évident, interrompit M. de Villiers : marchons !

Ils passèrent la barrière, tournèrent à droite, et commencèrent à monter la rampe, coupée d'escaliers à pic, qui menait au télégraphe.

Georges Leslie ne prenait plus la peine de demander où on le conduisait.

Il allait à grandes enjambées comme un vrai montagnard, et le vicomte était obligé de faire effort pour le suivre.

Le vicomte se disait :

— Rosen n'irait pas ainsi devant moi. Rosen aurait deviné mes pistolets sous ma pelisse. Celui-là se livre de la sorte, parce qu'il sait que sa vie n'a aucun prix pour moi.

— Tournez à droite ! ordonna-t-il quand Georges eut atteint le point culminant de Montmartre.

Georges s'arrêta et l'attendit. Ils passèrent ensemble derrière le télégraphe, et franchirent la barrière, percée de brèches nombreuses, qui séparait alors la rue de la Fontenelle des grandes terres, à l'endroit où s'élève maintenant la chapelle provisoire du Vœu National, dédiée au Sacré-Cœur de Jésus.

Depuis lors, les choses ont beaucoup changé. Les travaux de la basilique ont déjà complètement transformé le paysage, en attendant que la basilique elle-même achève la métamorphose en imprimant à la montagne un souverain cachet de splendeur.

Il n'était pas alors un parisien qui ne connût cette butte aride et montrant partout le sable avec la glaise par les profondes déchirures de son flanc. Tous les cinquièmes étages exposés au nord l'apercevaient ; c'était, avec les moulins à vent de l'ouest et le télégraphe, la physionomie de Montmartre, te Montmartre lui-même sera toujours, par sa position dominante, la physionomie de Paris.

Ce tertre allait sans cesse se muant et diminuant. Chaque année, quelque éboulement changeait le profil de ses échancrures. Les bourgeois de Montmartre étaient un peu dans la position des citadins de Pompéi, la veille du jour où cette ville curieuse et très-élégante alla rejoindre Herculanum à vingt-cinq pieds sous terre.

Seulement, il n'y avait point de volcan sous Montmartre.

La chute devait se faire tout doucement, et n'avoir d'autre résultat que de changer la carte de notre banlieue. Les maisons du versant nord de Montmartre étaient évidemment destinées à orner un jour la plaine Saint-Denis, pendant que le versant sud, prenant d'assaut le mur d'enceinte et bravant les sévérités de l'octroi, se ferait le paroissien de Notre-Dame de Lorette.

Ainsi parlaient en ce temps-là les gens gais de vive voix et dans les journaux « d'esprit ». Aujourd'hui, le colossal pilotis de granit sur lequel la basilique va s'asseoir, pénètre la butte de part en part et la cloue puissamment au sol même de Paris. A l'abri de la croix, Montmartre, qui reçut son nom des martyrs, peut dormir tranquille.

Le vicomte Henri et Georges commencèrent à marcher dans la neige vierge et haute qui couvrait les buttes.

Ils ne s'arrêtèrent qu'au bord de la première falaise, à deux cents pieds du télégraphe.

Le ciel était si clair, la terre si éclatante, qu'ils voyaient autour d'eux tout le détail du paysage. Paris était sous leurs pieds, enveloppé d'une masse de brume que la lumière du gaz éclairait en dedans et faisait rougeâtre.

Sous cet immense voile, Paris invisible était muet.

Le vicomte Henri se découvrit pour essuyer les gouttes de sueur que le vent du nord-est glaçait à son front. La respiration lui manquait.

Le souffle de Georges était aussi facile qu'au bas de la montée.

— On est bien ici, dit-il.

— Très-bien ! répliqua le vicomte en glissant sa main droite sous le revers de sa pelisse.

— Et cependant, poursuivit Georges Leslie de sa voix calme et moqueuse, voici trop de maisons derrière nous. On peut causer sans doute en toute sécurité, mais à condition que nos pistolets ne se mêlent point à l'entretien.

— Nos pistolets ! répéta le vicomte, qui recula d'un pas.

— Vous en avez deux sous votre pelisse, monsieur le vicomte, riposta Georges ; moi je n'en ai qu'un, mais il en vaut six !

Ce disant, Georges écarta brusquement son manteau, et parut armé d'un revolver américain à six coups, dont les canons se dirigeaient presque à bout portant vers la poitrine de son compagnon de route.

C'est maintenant l'arme de tout le monde, mais en ce temps-là les premiers revolvers de l'inventeur Colt étaient regardés en France comme des curiosités.

VIII

EXPLICATION

— Baissez votre arme, je vous prie, monsieur, dit le vicomte, à qui le danger immédiat sembla rendre tout son sang-froid ; je vais retirer ma main vide et fermer ma pelisse.

— Veuillez faire d'abord comme vous dites, monsieur, répondit Georges très-poliment ; que je voie votre main vide, et je me ferai un plaisir de désarmer mon revolver.

Henri de Villiers retira sa main vide et boutonna sa pelisse. Georges désarma aussitôt son pistolet.

— A la bonne heure, monsieur le vicomte ! dit-il.

Notez que je ne crois pas que vous eussiez fait usage de votre arme. Vous avez absolument besoin de moi, et vous le savez bien.

— En quoi ai-je si grand besoin de vous ? demanda M. de Villiers, qui respira plus librement ; car, à la vue du revolver de Georges, l'idée lui était revenue qu'il se trouvait peut-être en face de Rosen lui-même.

— Vous avez besoin de moi, répliqua Leslie, tout uniment parce que, si je refuse de répondre à deux ou trois questions que vous allez me faire, vous êtes un homme mort.

— En vérité, monsieur Leslie ?

— Il y a plus : supposez pour un instant que vous m'eussiez brûlé la cervelle tout à l'heure, vous étiez perdu sans ressource.

— Me ferez-vous la grâce de me dire pourquoi ?

— Cela entre dans mes vues, monsieur le vicomte. Voici : à l'heure qu'il est, Rosen vous connaît... par lui-même et par un homme qui ne lui a jamais désobéi.

— J'ai cru voir, en effet, balbutia Henri, qui frissonna sous la chaude fourrure de sa pelisse, quand je suis sorti de l'hôtel de Boistrudan...

— Vous avez bien vu, monsieur le vicomte.

— Vous savez donc ce que j'ai vu ?

— Deux yeux ardents sous l'ombre d'un capuchon. L'homme à la couverture était au bas du perron quand je l'ai descendu moi-même.

— Etait-ce Towah l'Indien ?

— C'était Towah.

— Et Rosen est à Paris ?

— Rosen était à dix pas de Towah.

Il y eut un silence.

Le regard défiant du vicomte couvait Georges Leslie.

— Avez-vous eu, ne fût-ce qu'un instant, l'idée que je pouvais être le mayor ? demanda celui-ci.

— Oui, répondit Henri.

— L'avez-vous encore ?

— Non. J'ai rassemblé mes souvenirs : le mayor est plus grand que vous...

— Pas beaucoup, interrompit Georges, qui souriait.

— Et d'ailleurs, vos yeux, votre front, tout cela ne porte aucune cicatrice. Il est impossible...

— Savoir, interrompit Georges pour la seconde fois, il n'y a aucune cicatrice aux yeux ni au front de Rosen.

Nouveau silence.

Quelques bruits vagues commençaient à monter de la ville parmi les sifflements du vent.

— Je suis sûr que vous n'êtes pas le comte Albert de Rosen, dit enfin M. de Villiers.

— Vous avez raison ; mais vous taisez le vrai motif qui vous fait être sûr de cela.

— Quel motif?

— Depuis le bas de la butte jusqu'au haut, prononça lentement Georges Leslie, nous n'avons rencontré personne ; j'ai marché à vos côtés, et vous existez encore !

— Est-ce que vous supposez le comte capable d'un assassinat? murmura Henri, dont la voix était sourde.

— Dans la position où vous êtes vis-à-vis l'un de l'autre, le comte Albert et vous, tout est de bonne guerre. Le comte Albert vous tuera comme un chien partout où il vous trouvera : c'est la loi de votre duel.

— Est-il riche ! demanda Henri.

— Il est très-pauvre.

— Il n'a pour lui que ce Towah?

— Si fait. Il a moi d'abord, et, je vous en préviens sans fatuité, j'en vaux un autre. Il a ensuite un homme de grande expérience et de grand courage, qui tient un certain rang dans votre propre monde : un vieillard.

— Serait-ce le général O'Brien? s'écria Henri.

— C'est le Général Daniel O'Brien, répondit Georges.

— Où se sont-ils connus ?

— A Paris, en 1846. Rosen eut un duel avec le fils du général, qui est mort depuis dans la guerre de Hongrie. Le général se rendit la nuit chez Rosen et lui dit : J'ai perdu ma femme, je n'ai point de parents; cet enfant est tout mon cœur. Rosen se rendit sur le terrain, essuya le feu du jeune O'Brien et lui fit des excuses.

— Ah ! murmura le vicomte, le vieux général doit être à lui corps et âme !

— M. O'Brien aime beaucoup le comte, dit simplement Georges Leslie.

— Et sans doute, reprit Henri, le comte Albert a connu comme cela beaucoup de monde à Paris en 1846 ?

— C'est vraisemblable.

Le vicomte reprit sa respiration avec force.

— Il faut sortir de là ! pensa-t-il tout haut.

Georges drapa son manteau autour de son cou et dit :

— Ce vent est diabolique : j'ai froid.

— Moi je brûle ! s'écria Henri, qui lui saisit la main. Ecoutez, monsieur Leslie, nous n'avons point à biaiser l'un avec l'autre ; vous savez mon histoire...

— Sur le bout du doigt !

— Vous me tenez pour un misérable...

— Du tout !... dit Leslie en riant : seulement, vous n'auriez pas dû quitter Baltimore avant de régler votre affaire avec Rosen. Ah ça ! pensez-vous avoir affaire à un quaker? Quand j'étais *Vecino*, là-bas, de l'autre côté du Rio-Gila, j'ai fait pis que vous peut-être. Qu'y a t-il au fond de tout ceci, cher monsieur? un petit tas d'or conquis et une femme mal épousée. On va là-bas pour faire fortune, et le divorce y est dans la loi. J'ai été l'ami d'un mormon et j'admets toutes les manières de voir le mal. Je vous le répète, la faute, c'est que vous avez laissé les choses à demi-faites: La femme a un vengeur; le petit tas d'or un propriétaire. Il fallait mettre tout uniment le vengeur de la femme à six pieds sous terre et le propriétaire du tas d'or à cent brasses au fond de la mer !

— Si vous pensez réellement ainsi, monsieur Georges Leslie, dit Henri, qui sentait sa défiance grandir à mesure que l'autre faisait parade de plus de cynisme, pourquoi vous êtes-vous mis du côté de Rosen contre moi?

— Parce que j'espère beaucoup de vous, répondit Leslie, sans hésiter.

— Oh! fit le vicomte, si j'étais sûr de cela !...

— Je vous le prouverai, cher monsieur, aux dépens de votre bourse.

Jusqu'à ce moment, Henri n'avait pas pris au sérieux l'effrontée dépravation de cet homme; mais tout à coup le plan de la comédie jouée par Leslie lui apparut dans son ensemble.

Où était l'erreur? dans sa crédulité actuelle ou dans sa méfiance passée

M. de Villiers se dit, dans un de ces rapides aperçus qui viennent tout à coup illuminer le cerveau aux heures suprêmes:

— C'est un de ces pirates cosmopolites qui jouent leur va-tout sur n'importe quelle chance. Il a connu Rosen en Amérique. Il a su par hasard mon aventure dans la Sierra-Nevada et mon aventure de Baltimore. Il s'est dit: « Je m'enrichirai d'un seul coup dans cette affaire de vie ou de mort. » Rosen partait; il l'a suivi et s'est vendu à lui. Rosen l'a mis en rapport avec ce vieux chevalier errant d'O'Brien qui travaille gratis. Quand cet homme est entré hier dans le salon de la marquise, il ne me connaissait réellement pas, et je comprends maintenant pourquoi le général, par ses semblants de doute, m'a amené à raconter mon épopée californienne... Je suis tombé en plein dans le piége!

Il se frappa le front avec colère, et sa pensée se résuma pour Georges dans ces paroles qu'il prononça tout haut :

— Je comprends votre conduite, à vous, mais quels ménagements le général avait-il à garder avec moi ?

— C'est toute une histoire, cher monsieur, répliqua Leslie, ce Rosen est un drôle de corps ; il ne veut pas seulement la mort du pécheur, il veut que la fille d'Ellen soit, comme elle y a droit, une très-légitime et très-riche héritière.

— Expliquez-vous.

— Non pas ! mais je fais mieux : je vous annonce pour aujourd'hui la visite intéressée de ce bon général O'Brien. Dressez d'avance vos batteries ; car il sera éloquent. Je désire que nous nous bornions ici à ce qui nous concerne tous les deux : vous riche, moi pauvre. Serait-il indiscret de vous demander si vous êtes sérieusement épris de votre nouvelle fiancée, mademoiselle Hélène de Boistrudan ?

— Avant cette nuit, je ne savais pas moi-même à quel point elle m'est chère, répondit le vicomte.

— Ceci veut dire que vous tenez à elle beaucoup ?

— Beaucoup n'est pas assez.

— Bravo ! s'écria Georges.

— En quoi cela vous importe-t-il?

— C'est cinquante mille francs de gagnés pour moi, répondit Georges.

— Comment cela?

Georges Leslie prêta vivement l'oreille et regarda autour de lui.

— Vous entendez quelque chose? demanda Henri avec inquiétude.

Avant que Leslie pût répondre, un son sourd et guttural vint de la rue de la Fontenelle.

— C'est le vent, dit Georges en reprenant sa pose insouciante; regardez là-bas, nous allons avoir tempête.

Un grand nuage noir voyageait à l'horizon vers le nord-est, couvrant une à une les brillantes étoiles. La nuit se faisait sombre. Le vent venait par rafales brusques et de plus en plus violentes.

— Vous voulez savoir pourquoi l'état de votre cœur me donne un boni de cinquante mille francs? reprit Georges Leslie d'un ton de gaieté dégagée; auparavant je veux vous rendre compte un peu de mes impressions. Je ne suis pas un homme du monde et j'ai la vue assez courte dans un salon; cependant, tout myope que je suis, parmi vos élégances parisiennes, j'ai cru voir... mais je vais peut-être vous blesser, monsieur le vicomte?

— Vous avez cru voir? répéta celui-ci.

— J'ai peur de vous chagriner... j'ai cru voir que mademoiselle Hélène ne vous paye pas d'un très-fervent retour.

— Monsieur! s'écria Henri, qui fronça le sourcil.

— Allons! fit Georges, j'en étais sûr, je vous ai fâché. Parlons donc affaires, cher monsieur, puisque je ne suis décidément bon qu'à cela. En affaires, j'ai une vue de loup-cervier, je vous fais juge : je vais vous dire en quelques mots tout ce que vous avez résolu depuis votre sortie de l'hôtel de Boistrudan.

Quand vous vous êtes arrêté sur le trottoir du Palais-Royal, vous étiez comme ivre, vous n'aviez pas l'ombre d'une idée. Votre premier soin a été de vous bien persuader à vous-même que je n'étais pas le comte Albert de Rosen. Il y avait du pour, il y avait du contre : à votre place, moi, j'aurais balancé plus longtemps.

Voici maintenant la série de vos calculs : au moment où vous êtes revenu à peu près lucide, vous vous êtes dit : « Si celui-là n'est pas Rosen, il est envoyé par Rosen et vous avez repassé dans leurs moindres détails les incidents de cette soirée.

De cet examen est ressorti ceci (c'est toujours vous qui parlez) : L'envoyé de Rosen n'a pas agi en homme sérieusement dévoué. Sa mission était d'observer, il a bavardé. Toute sa conduite démontre qu'il avait un but personnel. Pendant que je l'écoutais, le cœur serré, le front humide, il m'a jeté d'étranges regards. Son récit semblait calculé de manière à me glacer de terreur. Il ne parlait que pour moi. Un homme fidèle n'aurait pas risqué ainsi de me donner l'éveil. »

Conclusion : « M. Georges Leslie est un bravo dont le stylet est à vendre. » Est-ce cela ?

— Malgré toute votre perspicacité... commença le vicomte.

— Ou bien même, interrompit Georges : « M. Leslie est un gueux, renouvelé des vieux romans espagnols ; il va me demander la *caridad*, l'escopette à la main ! »

— Mon Dieu ? monsieur, fit le vicomte avec une intention dédaigneuse, je n'en ai pas pensé si long que cela !

— Si fait, répliqua Georges, vous en avez même pensé beaucoup plus long, je n'ai pas fini. Vous vous êtes dit : « Avec un homme pareil, il n'y a pas à marchander : je vais lui proposer de me vendre son maître. C'est une question d'enchères. »

Sur un mouvement du vicomte, Georges s'arrêta et dit :

— Si vous avez à nier, niez tout de suite, car nous perdons du temps.

Le vicomte resta muet.

— Vous ne niez pas, poursuivez Georges, et vous avez bien raison. Mais un scrupule vous est venu tout à coup. Vous avez pensé : S'il refuse ? Ceci était grave : Georges Leslie refusant, M. le vicomte de Villiers était complétement à sa merci. M. le vicomte de Villiers a compris cela. Il a pris l'aventurier Georges Leslie sous le bras comme un vieil ami et lui a dit : « Venez. » Il l'a conduit tout au haut de Montmartre. On eût été mieux, sans doute, pour ce que voulait faire M. le vicomte, dans la savane mexicaine ou même sur une des pentes désolées qui mènent du camp des Couteaux d'or à la plaine ; mais M. le vicomte avait-il le choix ? Georges Leslie ne l'aurait probablement pas suivi jusque-là. A quatre heures du matin, en hiver, par dix ou douze degrés de froid, le sommet de Montmartre présente encore un abri assez sûr pour un tête-à-tête. Une fois là. M. de Villiers comptait exiber ses deux pistolets et dire : « Combien me demandez-vous pour faire ceci ou cela ? » Dans le cas probable d'acceptation de Georges Leslie, nul être humain ne pouvait avoir connaissance du pacte. En cas de refus, quel rapport possible entre M. le vicomte Henri de

Villiers et ce cadavre inconnu qu'on aurait trouvé au point du jour étendu dans la neige ?

Il y eut une petite pause.

— A quoi bon discuter cela? murmura le vicomte.

— Mon revolver a tranché la question, répliqua Leslie ; je suis de votre avis : la chose est maintenant oiseuse... d'autant mieux que je n'aurais pas refusé. Traitons l'affaire.

— Je vous offre cent mille francs, dit Henri.

— Joli denier, avec les cinquante mille de plus-value pour le tendre sentiment que vous portez à votre fiancée, cela fait sept mille cinq cents louis, comme nous comptons là-bas.

— Soit, mais je veux savoir...

— Pourquoi la plus-value ? Il faut vous dire que ce Rosen est fantasque comme un américain. Il prétend vous appliquer rigoureusement la peine du talion. Vous lui avez pris son or et sa fiancée...

— Il veut me prendre ma fiancée et mon bien ? Ceci est un renseignement utile.

— Et qui vaut les cinquante mille francs, n'est-ce pas ?

— C'est suivant ce que vous allez faire pour moi, répartit le vicomte. Etes-vous homme d'action?

— Quand je ne puis pas rester homme de loisir.

— J'entends; me donnerez-vous un coup de main?

— Peut-être, mais cela vous coûterait un prix fou!

— Je répète ma question : alors dites-moi ce que je vous achète cinquante mille écus?

— Une chose énorme, cher monsieur ; l'égalité des armes dans ce duel qui va s'engager dès aujourd'hui peut-être. Je m'engage à vous montrer aujourd'hui le comte Albert de Rosen votre adversaire.

— Le verrai-je sans être vu? demanda M. de Villiers.

— Si cela vous plaît.

Henri réfléchit un instant.

— Et pour cent cinquante mille francs, dit-il enfin, vous ne ferez pas davantage?

— Votre fiancée, répliqua Leslie en comptant sur ses doigts, votre fortune, votre vie, cinquante mille francs la pièce est-ce cher?

Le vicomte tendit sa main droite, que Leslie serra, ils dirent tous deux :

— Marché conclu !

Depuis quelques minutes, le grand nuage noir

avait gagné le zénith. La neige commençait à tomber. La nuit s'était faite tout à coup si profonde que la tour du télégraphe disparaissait dans le noir.

Au devant de nos deux compagnons, en dehors de la ligne blanchâtre qui marquait la lèvre des derniers éboulements, c'était comme un profond abîme.

— La peine commence à passer le plaisir, dit Georges ; encore un mot et nous nous séparerons ; connaissez-vous M. le duc de Rivas?

— L'ambassadeur du Brésil? Très-particulièrement. La duchesse est une des plus charmantes femmes de Paris avec ses cheveux à la Ninon et ses yeux de Mexicaine, plus noirs que le jais. Rivas s'est marié à Durango après avoir mené la vie d'aventurier comme moi. Nous nous sommes rencontrés dans les Cordillières.

— Quel genre de fête M. de Rivas donne-t-il ce soir?

— Un bal masqué : Tout Paris y sera.

— Y compris mesdames de Boistrudan, je suppose.

— Cela ne fait pas de doute.

— J'ai fantaisie de voir un bal masqué de votre grand monde, vicomte, dit Georges ; je compte sur vous pour me présenter à madame la duchesse ; c'est à l'ambassade du Brésil que je vous montrerai le comte Albert de Rosen.

Un véritable tourbillon enveloppait Montmartre au moment où nos deux compagnons regagnaient la ruelle. La neige tombait à flocons, chassée par un vent diabolique. Ils avaient peine à se guider.

Ce sont de longues nuits que celles de la dernière semaine de l'année. Aucune lueur ne se montrait encore à l'orient.

Ils trouvèrent enfin une brèche et ils passèrent.

— A ce soir, répéta Georges se dirigeant du côté du Château-Rouge.

Ils n'avaient pas fait une demi-douzaine de pas en sens contraire qu'ils cessèrent de s'apercevoir.

Georges s'arrêta. Il siffla tout bas. Une voix sourde se fit entendre tout contre lui dans l'ombre.

— Towah est ici, dit-elle.

— Prends sa piste et suis-le, ordonna Georges Leslie.

Towah gagna d'un bond la brèche et se mit à plat-ventre.

— Towah tient la piste, dit-il.

— Au bout de la piste, reprit Georges, tu trouveras Mohican, ton ennemi.

L'Indien ne put retenir un cri de sauvage triomphe et disparut dans la nuit pendant que Georges lui disait :

— Souviens-toi que tu as juré de ne pas frapper !

IX

MOHICAN

M. Benoît Lyon, propriétaire, habitait un pavillon en fort mauvais état qui s'enclavait dans le mur d'enceinte de son immeuble, situé à Montmartre, rue St-Denis, à peu près à mi-côte.

Je puis me tromper, mais je crois que cette rue St-Denis, dont le nom indiquait si bien l'endroit où tomba le grand martyr, s'appelle maintenant la rue du Mont-Cenis.

Je voudrais être plus sûr de mon fait pour dire avec plus d'ampleur le respect et la sympathie que m'inspire la nouvelle nomenclature de nos voies parisiennes.

Le pavillon n'avait sur la rue que des jours de souffrance fermés par de bons barreaux de fer.

A droite et à gauche, le mur se prolongeait, noirâtre, chancelant, malade ; penchant tantôt en dedans, tantôt en dehors, son faîte de plâtre rapiécé, et suivant cahin-caha les soubresauts de la montée. Le mur de M. Benoît Lyon ne contribuait pas peu à donner à la rue Saint-Denis cette physionomie triste et indigente qu'elle possède à un si haut degré.

Le mur de M. Benoît Lyon, propriétaire, était long, s'il n'était pas beau. Il servait de clôture à un assez grand terrain planté de vilains arbres et émaillé de masures rechignées, que les marchands parisiens affermaient l'été, pour jouir un peu des plaisirs de la *campagne*.

L'ensemble de ces masures s'appelle généralement une *villa*.

Les masures de M. Bénoît Lyon, propriétaire, formaient la villa du Bel-Air, bien connue parmi les amateurs de *campagnes*.

On trouvait à la villa du Bel-Air douze ou quinze *chalets*, plus deux maisons à trois étages, aménagées pour recevoir huit locataires chacune. Les loyers variaient de trois à cinq cents francs, sauf les appartements meublés, qui allaient jusqu'à mille; mais ceux-là étaient de vrais palais.

L'immeuble de M. Benoît lui rapportait à peu près quinze mille livres de rente, sans compter les arrangements qu'il prenait avec le boucher, l'épicier le boulanger et même le porteur d'eau, auxquels il *procurait* ses locataires.

Tous les appartements avaient leur petit jardin privatif avec une pelouse, large comme un guéridon et une corbeille entourée de buis. Des treillages peints en vert séparaient ces alvéoles « où l'on était » chez soi, » comme disait M. Benoît Lyon, quand il montrait sa propriété à de nouveaux amateurs.

Chaque chaumière était bâtie au centre d'un Eden microscopique. Un tonneau enfoui dans le sol formait pièce d'eau quand il avait tombé de la pluie.

On avait la vue de la plaine Saint-Denis.

Le vent du nord qui grillait les maigres acacias, avait mérité à ce séjour son nom de villa du Bel-Air autant que le choix heureux de la société qui s'y réunissait chaque année.

M. Benoît Lyon faisait ses affaires lui-même. Il était à la fois son propre régisseur et son propre portier. Harpagon avait maître Jacques : M. Benoît, plus sage qu'Harpagon ne se fiait qu'à lui-même.

Au fond, il avait le droit de regarder Harpagon comme un vieux dissipateur.

Sa seule compagnie était un énorme chien maigre qu'il avait habitué à la portion congrue d'un roquet. Mohican, ainsi s'appelait le chien, toujours affamé, rôdait dans le jardin la nuit, et valait dix hommes de garnison.

Trois fois par semaine, M. Benoît l'invitait à dîner en ville ; c'est-à-dire qu'il le promenait une heure ou deux autour de l'abattoir de Montmartre. Sans cela, Mohican fut mort depuis longtemps d'étisie.

L'été, les jardins étaient entretenus par un pauvre homme de Clignancourt, qui donnait cent francs par an à M. Benoît pour acheter la clientèle de ses locataires. L'hiver quand les marchands amis de la villégiature avaient pris leur volée, qui, vers la rue aux Ours, qui, vers la rue Baudoyer, M. Benoît restait seul avec son chien Mohican.

Il employait la mauvaise saison à fabriquer les affiches manuscrites pour annoncer ses locations, et à réparer, tant bien que mal, ses divers logis. M. Benoît s'était fait peintre, menuisier, poêlier fumiste, serrurier, couvreur, etc. A Montmartre, il passait pour être très-riche. Ses voisins disaient qu'il faisait tout cela pour s'amuser.

Il ne fréquentait personne. Son chien Mohican mordait tout le monde.

Ce matin-là, M. Benoît Lyon s'était levé à cinq heures juste, suivant son habitude. Il était aussi matinal que laborieux. Une petite chandelle de suif de douze à la livre éclairait sa chambre à coucher, dont elle ne pouvait égayer le papier terne et décoloré.

Son lit était déjà fait, sa toilette aussi.

Par ce froid rigoureux, deux mottes fumaient mélancoliquement au fond de la cheminée, trop large et trop haute.

Mohican dormait, les pieds de devant dans les cendres. M. Benoît Lyon avait songé bien souvent à utiliser les loisirs de son chien ; mais il ne mettait jamais la broche.

Un vieux coucou pendu à la muraille grogna pendant une bonne demi-minute, puis il sonna six heures.

C'était à peu près le moment où Georges Leslie et le vicomte Henri se séparaient sous le télégraphe.

Le vent secouait depuis quelques minutes la charpente vermoulue du pavillon et plaquait aux carreaux de larges flocons de neige.

M. Benoît était en train de casser des bouteilles

en petits morceaux pour les enfoncer dans le plâtre de la partie supérieure de son mur. Son travail de la veille au soir restait sur la table. C'étaient de jolies pancartes dont il avait dessiné lui-même les vignettes, et qui portaient :

« A LOUER — TO BE LET

« Divers appartements meublés ou non meublés, dans la célèbre villa du Bel-Air, sise commune de Montmartre, rue Saint-Denis, n°... Prix modérés, service facultatif, superbe exposition.

« S'adresser à M. Benoît Lyon, propriétaire. — Un médecin est attaché à l'établissement. On a la vue des coteaux de Montmorency. »

« *Several furnished or not apartments, in the park of the celebrated* « *villa Bel-Air* » *Montmartre, Saint-Denis-street, n°... ad temperate prices, servants and maid-servants ondemand. — splendid prospect!*

« *You must call at* « *M. Benoît Lyon* » *landlord's — Private physician. You enjoy a full wiew on Montmorency hills.* »

En voyageant, on apprend les secrets et la finesse des langues étrangères. M. Benoît comptait beaucoup sur ses pancartes polyglottes pour attirer les

Anglais voyageurs, qui sont presque aussi friands de la campagne et des chalets que les Parisiens eux-mêmes.

Les Anglais devaient payer un tiers en sus, parce que M. Benoît était bon patriote.

Nous ne savons quelle idée le lecteur a pu se faire de ce propriétaire, d'après le récit de M. le vicomte de Villiers, qui avait eu l'honneur de le posséder comme domestique et compagnon de route dans le nouveau monde. Il pouvait avoir une quarantaine d'années ; sa taille était courte et vigoureusement prise ; sa bouche, fleurie entre ses deux joues rondes, avait cette expression mixte, ce *rire jaune* des Parisiens dont les pères vinrent de Normandie. Ses cheveux, épais et taillés ras, grisonnaient.

C'eût été un gros petit homme d'assez réjouissante apparence, sans le regard faux qui se cachait sous les énormes touffes de ses sourcils.

Il portait une de ses vestes grises, fourrées d'étoupes, qui sont l'uniforme des marchands de vin. Auprès de lui, sur la table, un registre ouvert montrait des colonnes de chiffres.

Un petit pot de soupe chauffait devant les deux mottes du foyer.

— Mohican se fait lourd, pensait-il en cassant ses bouteilles : cette bête ne songe qu'à manger et qu'à dormir. Il faudra que je sache combien coûtent les piéges à loup, pour en mettre.

— Je ne sortirai jamais de cette impasse! fit-il tout à coup en appuyant contre sa main sa tête rude comme une étrille : si on place son pauvre magot, il y a des faillites, les révolutions, le diable et son train! En outre, on ne l'a pas chez soi; on ne peut pas le compter soir et matin. A quoi sert d'avoir un bon petit magot pour ne pas pouvoir le compter? Mais il y a le revers de la médaille : l'argent qu'on garde pour le caresser ne rapporte rien ; c'est le plus coûteux de tous les luxes. Ils inventent toutes sortes de choses stupides, et ils n'ont pas encore trouvé le moyen de faire fructifier l'argent à la cave !

Il se prit à sourire.

M. Benoît Lyon n'était pas un de ces avares vieux style qui poussent leur passion au noir; il plaisantait volontiers avec lui-même et montrait une aimable gaîté dans ses conversations intimes, qui étaient son meilleur délassement.

— Bah! reprit-il en faisant une pointe aiguë à son tesson de bouteille, j'aime mieux voir mon magot, moi! c'est idiot, mais c'est mon goût. Je flaire une augmentation de loyers pour les années prochaines. Sans compter que l'âge vient et que l'estomac s'en va. Je n'aimerai bientôt plus à me donner à moi tout seul des petits dîners fins. Tant mieux! On a beau aller à l'économie, c'est d'un prix fou!

Vous avez dû rencontrer, au moins une fois en votre vie, cette variété de bon vivant qui spécule sur l'approche de l'âge des gastrites pour ne plus sacrifier aux dispendieuses tentations de la gourmandise. L'avarice a ses naïvetés et ses grandeurs qui étonnent.

Le grand chien maigre à qui Benoît avait donné ce nom de Mohican, par souvenir de ses voyages et aventures, releva son museau en ce moment, et entr'ouvrit ses yeux chargés de sommeil.

— Eh bien! fainéant! dit Benoît, qu'y a-t-il d'étonnant à cela? tu entends un pas dans la rue : il est six heures sonnées, mon vieux. Tout le monde n'est pas si paresseux que toi!

Mohican se dressa sur ses pieds lentement et s'étira; puis, il mit de nouveau sa gueule contre terre et ramassa ses longues jambes en poussant un hurlement sourd.

Benoît pâlit.

— Par le temps qu'il fait, murmura-t-il, les rôdeurs auraient encore une grand heure pour essayer un mauvais coup!

On frappa rudement à la porte.

Il courut à sa table de nuit, où étaient deux pistolets, et les coula dans ses poches.

En même temps il saisit son fusil de garde national, appuyé contre la muraille.

Mohican avait le nez au vent et les yeux rouges.

On frappa une seconde fois, et plus fort. Benoît arma un de ses pistolets. Sa main tremblait.

Cet homme avait souvent bravé la mort ; mais le soldat intrépide qui a regardé naguère le trépas en face devient tout à coup timide quand il se sent l'unique protecteur de sa mère ou de sa fiancée.

Benoît n'avait chez lui ni fiancée ni mère; il avait mieux: nous savons qu'il n'avait pas placé son argent.

— Benoît ! Benoît ! cria une voix au dehors, éveillez-vous ! ouvrez.

Le chien Mohican mit sa queue entre ses jambes, puis il se recoucha paisiblement. Les muscles du visage de Benoît se détendirent.

Cependant, il hésita encore et regarda son chien avec attention.

— Es-tu bien sûr que ce soit lui, toi ! demanda-t-il à Mohican.

Mohican baissa la tête et battit de la queue.

— Que diable vient-il faire ici à pareille heure?

grommela M. Benoît en se dirigeant vers la porte.

— Ici, Mohican! fit-il en s'interrompant; si tu t'es trompé, gare à toi!

M. Benoît ouvrit la porte de sa chambre à coucher et fit passer son chien le premier. La porte de la rue s'ouvrait sur un petit carré, contre-baissé de trois marches.

— Ouvrez donc, Benoît! disait la voix au dehors.

— C'est donc bien vous, monsieur le vicomte? demanda le propriétaire, par excès de précaution.

— C'est moi, et voilà dix minutes que je frappe!

Benoît tira une grosse barre, poussa deux verrous et fit jouer le pène d'une serrure monumentale.

La porte s'entre-bâilla, et un tourbillon de neige vint le frapper au visage.

— Vous n'êtes pas seul? dit Benoît quand le vicomte fut entré.

— Si fait! répliqua celui-ci.

— Je suis sûr d'avoir aperçu une grande ombre grise derrière vous. Écoutez, Mohican!

Mohican grondait et tâchait en vain de passer son museau trop gros sous la fente du seuil.

— Vous rêvez tous les deux! s'écria le vicomte; il n'y a pas un être humain dehors dans tout Montmartre à l'heure qu'il est.

Il secoua sa pelisse toute blanche de neige et entra. Benoît le suivit.

Le vicomte prit deux bûches avec une demi-douzaine de mottes et ranima le feu.

— Faites comme chez vous! grommela Benoît, non sans amertume.

Le vicomte se jeta dans l'unique fauteuil qui tendait ses bras graisseux et branlants au coin de l'âtre. Il s'essuya le front. Alors seulement, Benoît s'aperçut qu'il était pâle comme un mort et secoué par des frissons convulsifs.

— Qu'avez-vous donc? demanda-t-il; vous serait-il arrivé malheur?

Le vicomte ne répondit point; ses yeux étaient fixes, tous les traits de son visage exprimaient un véritable égarement.

— Il aura joué à la Bourse! pensa Benoît, frappé d'un trait de lumière : il vient m'emprunter de l'argent.

Et tout aussitôt :

— J'aurais été chez vous aujourd'hui, mon bon monsieur de Villiers, dit-il, sans l'honneur de votre visite. Je peux bien vous dire cela : je voulais vous demander quelque argent à emprunter. Je sais que vous ne refuserez pas une bagatelle à un vieux serviteur dans le besoin.

— Vous! dans le besoin, Benoît! répliqua le vicomte, qui le regarda en face.

Benoît abrita ses yeux derrière ses sourcils.

— La dureté des temps, balbutia-t-il, de fausses spéculations...

— Nous reparlerons de cela, interrompit le vicomte, qui retomba dans sa rêverie.

— Il n'a pas besoin d'argent, pensa Benoît, tant mieux! mais alors que me veut-il?

Mohican traversa la chambre d'un bond et vint mettre ses pattes de devant sur l'appui de la croisée qui donnait sur le jardin.

— Qu'est-ce, mon vieux, qu'est-ce? demanda Benoît.

Mohican aboya fortement.

— Je parierais ma tête à couper qu'il y a quelqu'un dans le parc! s'écria Benoît.

Le vicomte haussa les épaules.

— Il a pris la rue de la Fontenelle pour redescendre par la barrière Rochechouart, dit-il.

— Qui ça?

— M. Georges Leslie.

— Qu'est-ce que c'est que M. Georges Leslie?

Les aboiements furieux du chien couvrirent la réponse d'Henri.

— Était-il habillé de gris votre Georges Leslie? demanda Benoît.

— Non de noir.

— Alors ce n'est pas lui que j'ai vu...

— C'est bien fait! poursuivit-il en se parlant à lui-même ; j'ai trop tardé à sceller les tessons de bouteilles !

— Je suis bien aise que vous ayez besoin d'argent, Benoît, dit tout à coup le vicomte qui releva ses yeux sur lui ; je suis riche, très riche, mes fonds ont fructifié...

— Il n'y a que moi, soupira le pauvre Benoît, pour ne pas avoir la chance.

Il se rapprocha d'Henri et ajouta :

— Vous avez une petite affaire à me proposer?

— Oui, répondit le vicomte.

Les aboiements de Mohican étaient si furieux qu'on ne pouvait plus s'entendre.

Benoît hésita un instant, puis il dit :

— Tant pis pour le voleur! On trouvera un homme étranglé demain dans le jardin. Je ferai ma déclaration..., ça servira d'exemple aux autres !

Il prit Mohican par son colier et passa dans une chambre voisine qui avait issue sur la basse-cour.

La basse-cour était séparée du jardin par un mur

de six pieds. Le prudent Benoît ne s'exposait point en sortant par là. Il lâcha le chien et dit :

— Hardi, vieux !

Avant que Benoît eût refermé la porte, le chien avait déjà sauté sur la toiture de sa niche et, de là, franchi le mur d'un seul bond.

— Le compte de l'autre est réglé ! pensa Benoît, en rentrant dans sa chambre à coucher.

On entendit deux ou trois aboiements sonores, puis rien.

— Voilà ! fit Benoît. Nous pouvons causer. Je ne vous offre rien, parce que je prends seulement mon petit potage.

— Donnez-moi de l'eau-de-vie, répliqua le vicomte.

— En ai-je ? fit Benoît, ce serait bien un hasard ?

Il alla ouvrir un buffet, chercha longtemps et finit par trouver un fond de bouteille. Il l'apporta au vicomte avec un verre. Henri but tout ce qu'il y avait d'un seul trait.

Un peu de sang revint à ses joues. La réaction du froid qu'il avait éprouvé se faisait.

Il ôta sa pelisse et parut aux yeux du ci-devant chasseur de castors dans toute la rigueur élégante de sa tenue de bal.

— Ses tailleurs doivent en gagner, de l'argent ! pensa Benoît.

— Êtes-vous toujours un gaillard résolu et prêt à tout ? demanda brusquement le vicomte.

Benoît portait la première cuillerée de son potage à ses lèvres.

Il ne l'avala pas.

— Hé ! hé ! fit-il, cela dépend. Si l'affaire est sûre... mais voyez-vous, quand on a fait son nid... En deux mots, y a-t-il du danger ?

— Beaucoup de danger, répondit Henri.

— Alors, votre serviteur ! fit Benoît, qui se mit à manger de grand appétit ; je donne d'avance ma démission.

— Je ne l'accepte pas, mon cher Benoît, repartit le vicomte. Combien avez-vous rapporté de là-bas, à peu près ?

— Si peu de chose ! gémit le propriétaire.

— A partir de l'eau du Mississipi que vous aviez mise en bouteilles, jusqu'à notre départ d'Amérique, interrompit le vicomte, vous avez constamment brocanté. Votre portion dans la tirelire du mayor a été bonne : vous devez être très-riche. J'ajoute tout de suite que je suis plus riche que vous. Depuis la réouverture de la Bourse, en 1848, je tiens à la hausse : c'est vous dire que j'ai fait des bénéfices considérables; les anciens domaines de ma famille sont rachetés et intégralement payés. Je possède, en outre, des capitaux disponibles... Mais, à l'heure où je vous parle, je suis menacé de mort.

— Hein? fit Benoît, qui crut avoir mal entendu.

— Je suis menacé de mort, répéta Henri.

— Comment l'entendez-vous!

— Le mayor est à Paris.

La cuiller s'échappa des mains de Benoît.

— A Paris! balbutia-t-il, le mayor!... Mais ajouta-t-il, le mayor cherchera longtemps avant de trouver l'aventurier Édouard.

— Le mayor sait mon véritable nom, dit le vicomte; il le savait à Baltimore. Je t'avais caché cela, mais tu ne dois plus rien ignorer.

Le vicomte raconta ici en deux mots l'histoire du duel proposé et des signatures échangées.

— Et qui donc l'avait si bien instruit? murmura Benoît.

— Il y a dans tout ceci un hasard véritablement infernal! Te souviens-tu de notre excursion dans la Sonora?

— Parbleu!

— Te souviens-tu de cette nuit de carnaval à Arispe, de l'autre côté du Rio-Gila?

— Oui, oui, vous en jetiez par la fenêtre de ces dollars et de ces pistoles !... moi, je gagnai cinq malheureuses piastres au *monté*, dans l'antichambre...

— Eh bien ! moi j'y perdis ce que je rachèterais volontiers au prix de dix mille louis.

— Deux cent mille francs !.. quoi donc ?

— Mon incognito... Le marquis de Concha, qui est maintenant duc de Rivas, me reconnut sous mon masque et eut l'imprudence de prononcer mon nom...

— Eh bien ?

— Mon vrai nom d'Henri de Villiers.

— Eh bien ?

— Il y avait là cent femmes masquées, entre autres cette admirable créature, costumée en manola de Cadix, dont les tresses de jais tombaient jusqu'à terre.

— La fille d'un alcade ?

— La fille de l'alcade de San Felipe. Elle ne se démasqua pas, mais elle était au bras de Rivas quand il m'appela par mon nom, et peu après, le maître de la maison, le général Nunez, me salua de mon nom de guerre Edouard de Montroy. La manola me regarda toute étonnée...

— Quand même? fit Benoît. La manola est à quinze cents lieues d'ici !

Le vicomte fit un geste de colère et reprit :

— Lorsque nous rencontrâmes le mayor, étendu sur un brancard et la face couverte d'un voile, là-bas, au pied du Golden-dagger, sais-tu où les Vecinos le conduisaient?

— Non. Je sais seulement que le chef des Couteaux d'or avait plus de deux cent mille piastres dans son trou, et que la brave Lile, la femme du Pawnie, aimait le tafia.

— Nous reparlerons bientôt du Pawnie et de sa femme, prononça tout bas Henri ; il faut que tu saches avant tout où les Vecinos conduisaient le mayor.

— J'écoute.

— Ils le conduisaient à San-Felipe, où il est resté captif près d'un an, visité tous les jours par la manola de Arispe, la senora Carmen, romanesque comme une andalouse, charitable comme une sœur grise et folle comme...

— Diable! fit Benoît ; mais tout cela n'empêche pas, en somme, que le mayor soit aveugle.

— Il a recouvré la vue !

— Peste! peste! ceci gâte l'affaire. Comment

vous tirerez-vous de ce guêpier, mon pauvre monsieur le vicomte ?

— J'ai compté sur toi.

— Sur moi ! pour me battre à votre place ?

— Pour m'aider à me défaire du mayor.

Benoît se leva.

— Serviteur ! dit-il, serviteur de tout mon cœur. J'ai eu la chance de casser la tête de mon Indien, là-bas à Baltimore, et, sans reproche, c'est un fier service que je vous rendis là. Maintenant je dors tranquille. Bien fou serais-je de recommencer ce jeu-là !

— Rassieds-toi, commanda Henri.

— Plaît-il ? voulut dire Benoît, qui était homme à tenir tête à son ancien maître.

— Ou plutôt reprit le vicomte, ouvre cette porte et appelle ton chien Mohican.

— C'est vrai, murmura le propriétaire avec une certaine émotion dans la voix ; Mohican n'est pas revenu.

— Appelle !

Benoît ouvrit la porte. Le jour se faisait au dehors. Benoît siffla.

La neige tombait toujours à gros flocons.

Mohican ne vint pas.

— Tay, vieux ! fit Benoît ; tay ! tay ! tay !

Il rentra tout pâle, puis voulut ressortir pour appeler encore.

— C'est assez, dit le vicomte, ton chien ne répondra pas.

— Pourquoi?

— Parce qu'il est mort.

— Mort! comment savez-vous cela?

— Je le devine.

— Et qui donc l'aurait tué?

— Towah le Pawnie, répondit Henri, qui se levait à son tour.

Benoît recula. Ses dents claquaient.

— Towah, que tu n'as pas assommé tout à fait là-bas, avec ton casse-tête, poursuivit le vicomte; Towah, qui a suivi le mayor à Paris; Towah, qui a trouvé ta piste, et qui est à cette heure caché dans ton propre jardin.

Benoît se laissa choir sur une chaise comme si la foudre l'eût frappé.

Le jour entrait, blafard et triste, par les croisées de la chambre à coucher de Benoît; la neige ne tombait plus; le vent, qui avait chassé les nuées, continuait de souffler avec violence, et le soleil terne brillantait de ses rayons la tête poudrée des arbres.

M. Benoît restait anéanti.

Il était si troublé qu'il avait laissé brûler sa chandelle allumée sur la table.

Au contraire, le vicomte Henri de Villiers semblait beaucoup moins abattu.

X

LES CAMARDS

On ne peut nier, et ceci est loin de rehausser l'espèce humaine, que la plupart des hommes éprouvent une sorte de consolation égoïste dans le fait de voir leur détresse partagée.

L'angoisse de Benoît soulageait d'autant la peine du vicomte, et ce n'était pas ici par égoïsme, car cette angoisse allait remettre Benoît à ses ordres.

Le vicomte était renversé dans son fauteuil, les pieds sur les chenets, les mains croisées sur sa poitrine. Il venait, ma foi, d'allumer un cigare.

Benoît restait au plus profond de sa stupeur : le

grand jour éclairait sa face terreuse. De temps en temps, au moindre bruit, son regard se tournait avec épouvante vers les croisées.

— Allons, rassurez-vous, Benoît, mon pauvre garçon ! dit enfin le vicomte ; ce n'est pas pour ce matin. Vous connaissez ces démons sauvages. A Paris, comme dans les forêts, ils ne travaillent jamais que la nuit.

— Vous avez raison ! s'écria le propriétaire ; nous avons toute la journée pour le faire arrêter.

Le vicomte éclata de rire.

— Certes, répondit-il, son signalement n'est pas difficile à fournir. Mais pensez-vous que Towah soit descendu à l'auberge ou qu'il ait pris ses quartiers dans un garni ?

Benoît baissa la tête de nouveau.

— Si nous avions seulement une semaine ou deux devant nous, poursuivit le vicomte, Towah tomberait certainement entre nos mains. Aux environs de Paris, il n'y a pas beaucoup d'endroits où cacher les sauvages, et la police serait bientôt sur sa trace. Mais qui sait ce qui va se passer ici la nuit prochaine ?

— Je n'y coucherai pas ! dit Benoît, qui frissonna de la tête aux pieds.

— Ce sera prudent.

Mais Benoît avait déjà changé d'avis.

Il y avait dans certain trou pratiqué dans la muraille, derrière l'alcôve, un grand panier d'osier doublé de tôle, qu'il ne pouvait pas emporter avec lui, et qu'il ne voulait pas, même au prix de sa vie, laisser ainsi, tout seul à la maison.

— Ou plutôt, reprit-il vivement, j'aurai des sergents de ville plein la maison, plein le jardin. J'aurai des gendarmes... quand même je devrais les payer dix francs la pièce !

— Ce serait adroit, dit le vicomte en se tournant vers lui ; mais cela ne se peut pas.

— Parce que ?

— Je m'y oppose.

Leurs regards se choquèrent.

Les yeux de Benoît disparaissaient complétement dans la saillie de ses sourcils froncés.

— Vous voulez m'entraîner à quelque mauvais coup !... murmura-t-il.

— J'y suis entraîné moi-même, répliqua le vicomte avec froideur ; nous n'avons pas le choix des moyens.

Vos affaires touchent aux miennes, mon garçon, et la police ni la justice ne doivent point se mêler de nos affaires.

— Qui donc peut divulguer nos anciennes relations ? objecta Benoît.

— C'est fait. J'ai raconté moi-même devant soixante personnes notre rencontre et ce qui s'ensuivit.

— Quelle imprudence !

Le vicomte soupira et dit :

— Ce n'est pas la seule que j'aie commise cette nuit !

— Vous avez fait ce que vous avez voulu ! s'écria Benoit, s'insurgeant tout à coup. Moi, je ferai ce que je voudrai. Ce n'est pas un procès que je crains. L'Indien va-t-il m'appeler devant les tribunaux ? je vous le demande !

— Il le peut, répartit le vicomte.

Benoît haussa les épaules.

— Sinon lui, poursuivit Henri, du moins le mayor.

— Comment pourrait-il prouver ?...

— Cette nuit, interrompit le vicomte, devant soixante personnes, j'ai donné mon approbation pleine et entière à un homme qui disait : « Le Français Edouard et son valet Mohican étaient deux voleurs et deux infâmes. »

Benoît le regarda d'un air ébahi.

— Ah çà ! balbutia-t-il, cette nuit vous étiez donc ivre ou fou !

— Ecoutez-moi bien, mon ami Benoît, prononça le vicomte lentement, la bataille n'est pas perdue encore ; mais vous ne vous sauverez que par moi et avec moi. S'il vous faut une explication, la voici : cette nuit, à l'hôtel de Boistrudan, je me suis trouvé en face d'un homme qui sait tous nos secrets...

— Tous ! répéta le propriétaire avec effroi. C'est donc le mayor lui-même !

— Un instant je l'ai cru. Cet homme a profité très-habilement de la manie de ma future belle-mère, toujours avide d'aventures ou d'impressions de voyage. Il a raconté, avec des détails très-frappants de vérité, cet épisode de notre odyssée qui eut pour théâtre le campement des Couteaux d'or. Je venais justement de montrer mon golden-dagger et de narrer je ne sais quelle anecdote : notre repas chez l'Irlandais de la montagne. Pendant son récit, qui a duré une heure (et comme cette heure m'a semblé longue !), cet homme avait sans cesse les yeux sur moi ; je sentais qu'il me tenait en son pouvoir pieds et poings liés. Mais comme il tardait à m'attaquer en face, l'idée m'est venue qu'il voulait escompter sa science. C'était une chance de salut, et pour lui tendre la corde, j'ai donné mon témoignage sans réserve à tous les faits avancés par lui.

— Quelle imprudence! dit pour la seconde fois Benoît.

— Je n'avais pas d'autre moyen d'éviter le coup de massue qu'il pouvait me porter d'un instant à l'autre. J'étais là en présence d'Hélène. J'ai dû même aller jusqu'à dire, tant les circonstances me pressaient, que je savais le vrai nom des deux aventuriers, et que...

— Et que? répéta Benoît.

— Pourquoi le cacher? reprit Henri après un court silence, j'ai promis à la marquise de les lui révéler...

— La conclusion! interrompit Benoît d'un air sombre.

— Cet homme savait tout, comme je l'avais deviné; cet homme aurait pu me montrer au doigt et dire: « Voilà celui qui a volé, voilà celui qui a délaissé la femme qu'il avait épousée... une femme mourante et mère ; voilà celui qui a fui devant le vengeur! »

— C'est pourtant vrai que vous avez fait tout cela! grommela le propriétaire en ricanant; vous en avez sur la conscience!

Le vicomte poursuivit tranquillement :

— Fin de la conclusion ; cet homme appartenait, cette nuit, au comte Albert de Rosen, qui devait se servir de lui pour me reconnaître. Je l'ai acheté cent cinquante mille francs comptant.

— Bonté du ciel ! soupira Benoît, est-ce payé ?

Le vicomte sourit et répondit :

— Pas encore. Il faut auparavant qu'il me montre le comte Albert de Rosen.

— Et quand vous connaîtrez le comte Albert de Rosen, demanda Benoît, que ferez-vous ?

Henri de Villiers ne répondit pas tout de suite. Il jeta son cigare au feu et croisa ses jambes l'une sur l'autre.

— Maître Benoît, dit-il, pendant nos longues marches dans la prairie, vous m'avez raconté quelques particularités de votre jeunesse : j'en ai gardé un souvenir très-fidèle. Avant d'être mon page, vous étiez trappeur, vous étiez valet ; avant d'être valet, vous étiez...

— A quoi bon rappeler cela ? voulut interrompre le propriétaire.

— Permettez ! vous avez eu l'idée de prendre une garnison chez vous : je trouve l'idée heureuse et je m'y range ; seulement, nous ne nous adresserons ni aux gendarmes ni aux sergents de ville.

Benoît était tout blême.

— Non ! non ! fit-il, car il comprenait ; c'était bon

quand je n'avais ni sou ni maille. Tous ces coquins-là en savent long. Ils m'ont perdu de vue, grâce à Dieu, c'est une chance que je ne donnerais pas pour un millier d'écus... jamais je ne retournerai sur cette galère?

Le vicomte se leva, remit sa pelisse et la boutonna comme un homme qui va sortir.

— Vous me laissez seul? dit Benoît.

— Vous n'allez pas rester ici, mon bon, répartit le vicomte, vous avez de la besogne pour aujourd'hui. Ce soir, il me faut quatre de ces coquins là, comme vous les appelez, à la porte de l'ambassadeur du Brésil. Vous prendrez, pour vous garder, une douzaine de leurs camarades, si vous voulez. C'est moi qui paie.

— Mais je vous ai dit...

— Mon bon, vous avez parlé à la légère; je vous le répète, nous n'avons pas le choix. Vous allez, bon gré mal gré, renouer connaissance avec ces messieurs. Ces messieurs et vous, vous aurez à partager les cinquante mille écus que j'avais promis à ce bon M. Georges Leslie.

— C'est l'homme?

— L'homme au secret... celui que j'ai acheté.

Henri mettait ses gants. Benoît dit:

— Il s'agirait de le...?

— Supprimer, acheva le vicomte, avec un effrayant sang-froid ; lui et d'autres ?

— Qui, les autres ?

— Towah, à cause de vous.

— Et encore ?

— Rosen, à cause de moi.

— Trois hommes !

— Peut-être quatre, fit Henri.

Le nom du général O'brien était sur ses lèvres, mais il le retint. Sa nature d'aventurier reprenait le dessus. Au moment de sauter cet horrible pas auquel il était acculé, il gardait une sorte de sang-froid.

— Où diable vais-je retrouver tous ces oiseaux-là, maintenant ? grommela Benoît, sérieusement embarrassé.

L'idée d'éviter le contact des agents de l'autorité flattait en lui, pourtant, de secrètes répugnances qui n'avaient pas leur source dans le caprice seulement.

En outre, l'offre étourdissante du vicomte Henri éveillait violemment sa cupidité.

Mais un homme établi ! un propriétaire à son aise ! faire un plongeon dans ces bas-fonds hasardeux où grouillent les scélérats sans feu ni lieu, qui gagnent misérablement leur pain sec à risquer le bagne ou l'échafaud ! car c'était de cela qu'il s'agissait.

— A six heures, ce soir, je serai chez moi, dit Henri, qui se dirigea vers la porte de la rue. A six heures, je saurai probablement si c'est trois ou quatre...

— En somme, interrompit Benoît, qui allait se familiarisant peu à peu avec l'idée de l'*affaire*; quand il y en a pour trois...

— Nous y voilà ! s'écria Henri ; j'aime les gais lurons ! Outre cinquante mille écus, je te promets un beau cadeau pour le jour de mes noces.

— Voilà quelque chose d'étonnant ! dit Benoît ; vos noces ! vous avez la chance, tout de même, que ces dames de Boistrudan n'aient pas reçu une seule lettre des Talbot depuis le temps !

Le vicomte sourit.

— Toi qui faisais si bien sauter la coupe à l'écarté, répliqua-t-il, tu ne devines pas ?

— Vous avez fait sauter les lettres ?

Henri haussa les épaules en riant et mit la main sur le loquet de la porte, mais, sur le point de sortir, il se ravisa.

— Le jardin a une sortie par derrière, je crois ? demanda-t-il.

— Sur la rue Saint-Jean, répondit Benoît.

— Prends la clef et reconduis-moi par là.

Le propriétaire obéit. Il n'était pas fâché d'avoir un compagnon pour entrer dans son parc et appeler Mohican, car il gardait un vague espoir.

Mohican, ce terrible gardien, tué par un seul homme sans qu'il eût eu le temps de pousser un hurlement de détresse ! ceci lui paraissait à bon droit un fait invraisemblable.

Ils passèrent tous deux dans la salle à manger, dont la porte-fenêtre donnait sur le jardin.

Du seuil où il s'arrêta, Benoît jeta son regard perçant à la ronde.

Tout était silence et immobilité.

Au premier aspect, nulle tache ne se montrait sur le blanc tapis de neige.

— Tay, vieux ! fit-il, tay, Mohican ! tay, tay, tay, tay !

— S'il vous a entendu appeler le chien Mohican, dit Henri, il a dû rire en l'étranglant. L'Indien a eu la petite pièce avant la grande.

— Par où serait-il entré ? murmura Benoît, par où serait-il sorti ? son passage aurait laissé des marques.

— Qu'est-ce donc que cela ? demanda le vicomte.

Son doigt désignait une petite éminence au centre de la pelouse qui faisait face à la porte-fenêtre.

— Je ne sais pas, balbutia Benoît qui pâlit

— Ce doit être le tombeau du pauvre Mohican, dit le vicomte.

Benoît s'élança et se mit à déblayer des deux mains. Le poil fauve du grand chien se montra bientôt sous la neige.

Benoît se releva.

Malgré le froid qu'il faisait, son front était tout inondé de sueur.

Ce n'était pas l'idée de son chien mort qui le tenait, et quand il parla, ce ne fut pas de son chien.

— IL était là, dit-il à voix basse, à vingt pas de ma fenêtre ; IL pouvait me voir !

Un tremblement agitait tous ses membres.

— Allons, mon bon, dit Henri, vous ne pouvez plus douter. Ce soir, vous aurez du monde ici et vous barricaderez vos volets. N'oubliez pas que je vous attends à six heures. Au revoir !

Ils traversèrent le jardin ; Benoît ouvrit la porte. Le vicomte sortit.

Une fois dans la rue Saint-Jean, il jeta à droite et à gauche un coup d'œil soupçonneux.

La rue était déserte ; le vicomte remonta son collet de fourrure de manière à cacher son visage.

Au lieu de rentrer, Benoît fermait la porte en dehors à double tour.

— Je comprends, fit Henri ; nous avons décidément peur. Nous ne voulons pas rester là-dedans tout seul, et nous allons nous mettre en besogne. C'est au mieux... A tantôt !

Il se mit en marche à grands pas vers la rue des Saussaies pour gagner la barrière Montmartre.

Benoît tira de sa poche un bonnet de laine, qu'il enfonça sur ses yeux. Il partit avec son costume de maison : veste étoupée, pantalon à pieds, gros sabots fourrés de peau de mouton, et tourna la rue Saint-Denis pour descendre vers la plaine.

— J'ai fait de fameux détours bien souvent, pensa-t-il avec mélancolie, pour ne point passer devant le cabaret du père Soulas, où les anciens se réunissaient : je craignais d'être reconnu. Maintenant, il faut que je me fourre là-dedans jusqu'au cou. Ah ! misère ! misère ! qui m'eût dit cela ce matin, je l'aurais appelé menteur !

Quelque vingt minutes après, il entrait dans un petit bouchon isolé, situé en dehors des fortifications, sur le prolongement de la rue des Poissonniers.

Il y avait là des gens qui buvaient, qui fumaient, et qui échangèrent de mauvaises œillades.

— Une poire de picton ! dit-il en s'asseyant tout seul à une table.

Et quand il eut bu :

— J'ai la vue basse, les camaros, reprit-il ; si j'avais seulement apporté mes lunettes, je reconnaîtrais bien quelque vieux *zig* parmi vous.

On le regardait avec une défiance croissante. L'argot n'est pas une bonne recommandation chez les voleurs, parce que les agents de police connaissent cette sinistre langue, aussi bien et mieux qu'eux.

L'homme qui lui avait servi sa bouteille n'était pas le père Soulas ; Benoît demanda de ses nouvelles.

— Il a « changé d'air, » lui fut-il répondu sèchement.

— Pour combien de temps ?

— Il est *cocarde* (condamné à perpétuité), répliqua le cabaretier.

— Tant pis ! le pauvre bonhomme ! Janet Durieux est-il ici ?

— Janet Durieux *l'a montée*.

On devine quelle échelle ! Benoît fit un geste de compassion en disant :

— Pas possible ! et Rémouleur ?

— Le voici, Rémouleur, dit une grosse voix au fond de la salle.

En même temps, un grand gaillard déhanché, vêtu d'un paletot noisette, boutonné de fond en comble, mais pas assez pour cacher l'absence de la chemise, sortit des rangs et vint se placer devant Benoît.

— Que lui veux-tu à Rémouleur ? ajouta-t-il rudement.

— Un verre, ici ! dit Benoît. On va trinquer.

Son regard se tourna vers la porte. Deux ou trois coquins à mines ultra-patibulaires interceptaient déjà le passage.

— C'est ça, fit Benoît avec calme, ne laissez plus entrer personne.

— Ni sortir ! ajouta Rémouleur d'un air significatif.

Benoît emplit les deux verres et en offrit un au bandit en disant :

— Eh bien ! ma vieille, c'est pourtant vrai que je ne t'aurais pas reconnu !

Rémouleur repoussa le verre.

— Je ne bois qu'avec les amis, répondit-il fièrement ; je ne t'ai jamais vu ni connu !

— Elle est bonne ! s'écria Benoît, qui ôta son bonnet : approche ici voir.

Il lui glissa quelques mots à l'oreille.

— Poivre-et-Sel ! fit Rémouleur en reculant de surprise : ça date du village ! hohé ! les *véters !* c'est

Lampion, dit Poivre-et-Sel, dit Béquillard, dit Pantin-l'Économie...

Il prit le verre et le vida d'un trait.

Les habitués du cabaret, qui étaient trop jeunes coquins pour se rappeler Lampion dit Poivre-et-Sel, etc., se remirent à causer et à boire.

Une demi-douzaine de vétérans s'approchèrent et entourèrent Benoît qui demanda quatre litres d'un coup, et qui reprit, après avoir échangé à la ronde quantité de poignées de main :

— Êtes-vous rentiers, vous, à présent ?

— S'en faut !

— L'ouvrage va-t-elle ?

— Pas fort.

— Combien que vous coutez l'heure ?

— Pas cher !

— Des verres pour tout le monde et bavardons !

Le lecteur nous saura gré de n'avoir point abusé de l'argot dans cette scène, que nous abrégeons du reste le plus possible.

On bavarda. Benoît choisit quatre belles paires d'*escarpes* ou assassins de profession, et promit deux mille francs à chacun de ces docteurs, pour quatre hommes proprement guéris. Benoît ne se réservait pour sa part, comme on le voit, que cent trente-quatre mille francs sur les offres prodigues du vicomte.

C'était de l'honnêteté.

Rémouleur et ses compagnons eussent topé à moitié prix et même à moins. Le crime, il est bon qu'on le sache, est le plus misérablement rétribué de tous les métiers.

Benoît fut reconduit en triomphe et embrassé d'importance.

Il donna son nom de rentier et l'adresse de sa maison : M. Benoît, villa du Bel-Air, et se retira en disant :

— Ce soir, à cinq heures.

Or, au moment où Benoît était entré dans le bouge du père Soulas, la respectable compagnie était en train de s'occuper d'une autre affaire. Voici de quoi il s'agissait :

Rémouleur avait découvert à Montmartre une maison habitée par un homme seul, et qui n'avait pour garde qu'un chien.

Le chien n'était pas un ennemi méprisable, mais on pouvait en avoir raison.

L'homme couchait à l'abri de bonnes barricades, et devait être bien armé ; mais le bruit public disait qu'il avait ses économies chez lui ; c'était un grigou...

Une véritable aubaine !

La maison s'appelait la villa du Bel-Air et l'homme M. Benoît : danger d'avoir plusieurs noms.

Quand Benoît fut hors du cabaret, après avoir laissé son adresse, tous les bandits se regardèrent ébahis.

Puis Rémouleur commença un pas de danse pyrrhique autour des tables; puis encore tous les membres de la digne association se prirent par la main, et une carmagnole à tous crins souleva des nuages de poussière dans la salle basse du cabaret.

Vers cette même heure, M. le vicomte Henri de Villiers, qui avait pris un fiacre à la barrière, descendait dans la cour de son hôtel.

on valet de chambre lui dit :

— Deux messieurs attendent monsieur le vicomte au salon.

— Ils s'appellent?

— Ils ont refusé de me dire leurs noms. L'un d'eux m'a affirmé que monsieur le vicomte leur avait donné rendez-vous.

Henri ôta sa pelisse et entra au salon.

Deux messieurs s'étaient, en effet, installés près du feu.

Ils se levèrent à l'arrivée d'Henri; l'un d'eux était le général O'Brien.

— Pardonnez-moi d'avoir forcé la consigne, vicomte, dit-il en s'avançant la main tendue et le sourire aux lèvres.

— Qui me procure le plaisir?... commença M. de Villiers.

— Nous allons causer de cela, mon cher vicomte, répartit le vieux général; mais avant tout, permettez-moi de vous présenter M. Lemesle.

M. Lemesle, jeune homme de trente ans, tout de noir habillé, salua par trois fois d'un air digne et rassis.

— M. Lemesle est notaire, ajouta le général en reprenant son siége près du feu; nous allons tout à l'heure avoir besoin de lui.

XI

LE GÉNÉRAL O'BRIEN

Le vicomte Henri de Villiers salua le notaire à son tour.

Le vieux général plia le journal l'*Union*, qu'il était en train de lire, et le mit dans sa poche.

— Je vous aurais attendu comme cela jusqu'à demain matin, dit-il.

— Je suis fort aise d'être revenu aujourd'hui, répliqua M. de Villiers, qui réussit à sourire; mais puis-je savoir pourquoi vous auriez eu tant de patience?

— Sans doute, sans doute. Je vous aurais attendu

de pied ferme, parce qu'il faut absolument que notre acte soit fait avant demain.

— Quel acte, mon cher général ?

— Mon cher vicomte, votre testament.

Henri crut avoir mal entendu, et se tourna vers le notaire pour réclamer une explication.

Le jeune homme habillé de noir s'inclina en silence.

— Maître Lemesle ne sait rien, oh ! rien du tout, s'empressa de dire M. O'Brien ; il est ici seulement pour prêter son ministère et donner de l'authenticité à la chose.

— Mais, dit Henri, faisant un effort pour garder son calme, permettez, je ne sache pas avoir manifesté la moindre velléité de tester.

Le général cligna légèrement de l'œil en le regardant, et répondit :

— Vous ne vous souvenez donc déjà plus de ce qui s'est passé cette nuit ?

L'âge du général, son titre, son caractère de loyauté chevaleresque, donnaient une sorte de solennité à l'étrange début de cette scène.

Ce ne pouvait être ni un guet-apens ni une mystification.

— Je vois, reprit O'Brien, sans laisser au vicomte le temps de répondre, que nous avons besoin de causer un peu tous les deux avant d'entamer la rédaction de... l'acte.

— Je vous assure, déclara Henri, que nous ne rédigerons rien du tout.

— Capricieux ! murmura le général en souriant. Puis il ajouta :

— Passons, je vous prie, dans votre cabinet de travail. M. Lemesle aura la bonté de nous excuser.

M. Lemesle salua encore.

Un jeune notaire muet, qui salue à propos et bien, fait son chemin fatalement, quand même il ne porterait pas de lunettes.

Le général passa son bras sous celui d'Henri et l'entraîna, bon gré mal gré, vers son cabinet.

C'était une sorte de boudoir très-joli, très-bizarrement attifé, tout plein d'objets baroques et de riches enfantillages, un vrai musée de vicomte voyageur.

Le général O'Brien promena son lorgnon à la ronde et dit :

— Délicieux ! Mme la marquise de Boistrudan doit être folle de tout cela.

— Mme la marquise a beaucoup de goût, répliqua sèchement Henri. Veuillez me dire, monsieur, le mot de cette énigme.

— Testament, prononça O'Brien avec beaucoup de gravité.

Henri prit un air grave.

— Monsieur, dit-il, vous êtes l'ami de la famille de Boistrudan. A cause de cela, j'accepte vos façons d'agir en tant que fait accompli. Mais il faut mettre un terme à ceci : ma patience, comme toutes les choses de ce monde, a des bornes.

Le général s'était assis au coin du foyer.

— J'ai oublié de donner mon journal à ce pauvre M. Lemesle, pensa-t-il tout haut; c'est un jeune homme d'une discrétion et d'une prudence parfaites. Quant à votre patience, vicomte, les limites qu'elle a ne m'inquiètent point. Nous ne sommes pas ici pour nous dire des douceurs. Veuillez prendre un siége et discutons froidement. Je me présente chez vous comme chargé des intérêts de M. le comte Albert de Rosen, mon ami.

— Je l'ai deviné tout de suite, monsieur, répondit Henri, et je suis prêt à vous entendre.

— Ecoutez-moi donc, monsieur le vicomte. D'abord, deux mots d'explication sur ma conduite en cette affaire. Il y a déjà du temps que je sais votre histoire. Au premier aspect, il semble que mon devoir eût été dès l'abord de prévenir la marquise et de vous faire expulser...

— Monsieur ! interrompit Henri.

— Monsieur, je vous demande pardon très-humblement, à l'avance, de tous les mots blessants que je pourrai prononcer. Vous, de votre côté, je vous supplie d'y mettre un peu de complaisance en considération de ce fait que, si je voulais prononcer une parole, vous seriez perdu sans ressource.

Henri secoua la tête.

— S'il n'avait fallu que prononcer une parole... commença-t-il.

— Mon Dieu, vicomte, n'égarons pas la discussion dès ses premiers pas. Nous avons nos desseins qui nous ont empêchés de parler, c'est clair, — mais il est clair aussi que si vous n'entrez pas dans nos vues de bonne grâce, nous parlerons.

— Quelles sont vos vues ?

— Ma visite n'a d'autre but que de vous le faire savoir ; croyez-moi, laissez-moi mener ma barque à ma guise ; sans cela, nous ferons fausse route. Je vous disais donc que mon devoir de gentilhomme, en apparence au moins, eût été de vous démasquer dès l'abord. Je le comprenais ainsi ; Rosen a été d'un avis différent et m'a fourni un argument sans réplique : M. de Villiers, m'a-t-il dit, n'épousera jamais mademoiselle de Boistrudan, puisque je le tuerai.

— *That is the question !* murmura le vicomte en souriant avec effort.

— Pour moi, reprit le général, la question est tranchée. Rosen vous tuera quand il voudra. En conséquence, j'ai gardé le silence : je n'aurais parlé que pour éviter à la noble jeune fille le malheur de lier sa vie à la vôtre. Arrivons à l'affaire du testament, car je ne voudrais pas faire attendre M. Lemesle. L'affaire du testament peut changer du tout au tout notre ligne de conduite. Nous vous avons accordé le duel, autrefois, nous ne vous le devions pas. C'est de notre part excès de chevalerie. Est-ce avec le duel qu'on punit le vol et l'assassinat... Ne vous révoltez pas, vicomte, vous avez ratifié vous-même cette nuit, des qualifications plus sévères. Et je ne parle pas même du meurtre de votre femme. Vous avez tenté d'assassiner Rosen... Et vous avez ainsi renoncé deux fois au bénéfice du duel accordé : une fois en soudoyant un assassin, une autre fois en prenant la fuite. Nous aurions donc surabondamment le droit de substituer l'arme de la loi française à la carabine ou à l'épée. Moi, je le ferais ; Rosen y répugne, à cause du nom d'Ellen Talbot, qu'il veut garder pur comme l'âme de la pauvre martyre. Mais sa répugnance n'est pas plus illimitée que votre patience, dont vous parliez tout à l'heure. Ce droit au combat que vous n'avez plus, nous ne vous le reprenons pas tout à fait, seulement, nous voulons vous le vendre.

— Ah! ah! fit Henri, au prix d'un testament?

— Au prix d'une restitution. Tout ce que vous possédez est notre dépouille.

— Ce serait là, un procès bien chanceux à plaider.

— Devant les tribunaux, peut-être; devant le monde, non.

— C'est là votre opinion, ce n'est pas la mienne.

— Excusez-moi, vicomte, si je vous dis tout net que votre opinion nous importe peu. Je n'ai pas mission de discuter, mais de menacer. Si vous refusez d'accepter cette base nécessaire de notre négociation, ce soir madame la marquise saura le le nom de l'infâme scélérat...

— Croira-t-elle?

— Ce soir, en outre, un mémoire rédigé d'avance par le roi du barreau français verra, remplies, les lacunes destinées aux noms propres et sera déposé au parquet. Veuillez vous décider.

— Me garantissez-vous que mes cousines de Boistrudan ignoreront l'existence de cet acte? demanda Henri.

— Parfaitement, répliqua O'Brien, puisque nous aurons la certitude que vous n'épouserez jamais Hélène...

— C'est juste, dit Henri.

O'Brien le trouva trop résigné : il craignit un piége.

— Je n'ai pas besoin de vous dire, reprit-il avec sévérité, qu'il faut marcher droit : j'ai de bons yeux.

— Le notaire est avec vous, répliqua Henri qui le regardait en souriant, que pouvez-vous craindre?

— Vous acceptez?

— Il le faut bien.

— Vous donnez par testament tous vos biens meubles et immeubles...

— Au comte Albert de Rosen : c'est entendu.

Le vieil O'Brien fixait sur lui ses regards défiants et pleins de surprise.

Le vicomte souriait toujours.

— Monsieur le vicomte, dit O'Brien, je souhaite pour vous que vous n'ayez point d'arrière pensée. Nous serions sans pitié. Quant au nom du légataire universel, vous avez le choix. Ce n'est pas pour lui-même que Rosen revendique sa fortune. Disposez en sa faveur ou en faveur d'Ellen Talbot, selon votre fantaisie : ce sera tout un.

Henri réfléchit un instant.

— La fortune est au comte Albert de Rosen, dit-il enfin ; c'est au comte Albert de Rosen que je la rendrai.

O'Brien se leva et alla chercher le jeune M. Lemesle, notaire. Celui-ci libella séance tenante un testament rédigé selon toutes les règles de l'art.

Il le lut à haute et intelligible voix.

— Avez-vous quelque objection à faire? demanda le général.

— Pas la moindre, répliqua Henri.

— Alors signez.

— Très-volontiers.

Il prit la plume et signa d'une main ferme.

Le général saisit le bras du jeune notaire et l'entraîna dans l'embrasure d'une fenêtre.

— Cet homme me trompe ! dit-il, j'en ferais serment !

M. Lemesle salua.

— Quelle est la valeur d'un testament pareil?

— Il est fort comme la loi elle même...

— En ce cas le vicomte est lié !

— Mille pardons, je n'ai pas achevé ; mais, allais-je ajouter, d'ici à une demi-heure, M. le vicomte peut faire un second testament qui annule celui-ci dans toutes ses parties.

Le vieil O'Brien ne fit qu'un bond jusqu'au foyer. Il prit le papier timbré et le déchira en morceaux.

— Que faites-vous ? demanda Henri qui se renversait à son tour dans une bergère.

— M. Lemesle, monsieur Lemesle ! s'écria le vieux général, n'y a-t-il pas un acte qu'on ne puisse ainsi détruire après coup ?

— Si fait, monsieur, plusieurs actes, je vous citerai entre autres la donation entre vifs.

Le général interrogea Henri du regard.

— Vous n'espérez pas, répondit celui-ci, que je me dépouille de mon vivant, je pense ?

— M. le vicomte tient absolument à ne se dessaisir qu'après décès ? demanda naïvement le notaire.

— Autant que possible, repartit Henri en riant.

— Alors, dit le notaire, il n'y aurait qu'un moyen : ce serait une vente fictive à fonds perdu, consentie par M. le vicomte.

O'Brien regarda encore Henri. Celui-ci répliqua d'un air dégagé :

— Faites l'acte de vente et finissons-en : cela m'ennuie !

— Ce n'est pas encore cela, pensa le général ; il y a une porte de derrière !

— Réfléchissez, mon cher monsieur Lemesle, reprit-il tout haut. Avec un acte semblable, nul moyen de se dédire?

— Nul moyen, général; c'est ce qu'on appelle un contrat.

— Mais pourquoi diable riez-vous alors, vous? s'écria le vieux soldat, qui se planta les bras croisés devant Henri.

— Vous me permettrez de garder ce secret pour moi, répliqua le vicomte. Allons, monsieur le notaire, veuillez dresser l'acte.

M. Lemesle se mit incontinent en besogne, mais il fallait ici des détails. On spécifia avec soin les domaines récemment rachetés par le vicomte Henri qui pouvaient avoir une valeur de quinze cent mille francs et on les déclara vendus à M. de Rosen; les biens mobiliers furent nécessairement écartés. On les comprit dans un acte séparé, sous une forme spéciale; après quoi, M. de Villiers écrivit une contre-lettre où il déclarait renoncer aux arrérages des rentes viagères stipulées aux deux contrats.

En quittant la plume, il se leva et offrit la contre-lettre avec les deux contrats au général.

— Cela vous suffit-il, monsieur? demanda-t-il.

Le général eut bien encore un mouvement d'hésitation : son regard consulta le jeune notaire, qui ne manqua pas cette occasion de saluer.

En fin de compte, il fut obligé de répondre affirmativement.

— Monsieur, lui dit alors Henri de Villiers, qui s'effaça ostensiblement pour le laisser passer, si je vous retenais, je craindrais d'abuser de vos instants. Vous êtes engagé d'honneur à ne rien tenter contre moi auprès de ces dames.

Le général se dirigea vers la porte, suivi du notaire, qui salua.

Avant de passer le seuil, il se tourna pour dire :

— Je garde quelque chose sur le cœur, monsieur le vicomte, mais je vous surveillerai !

Le notaire salua, et ils sortirent.

Si nous mentionnons les saluts réitérés de ce jeune officier ministériel, ce n'est pas pour en faire un objet de risée.

La politesse est une noble qualité. Il y a d'autres notaires politiques qui ne saluent pas du tout. Les mœurs démocratiques ramollissent les cravates et empèsent les caractères.

Le vicomte, resté seul, s'assit à son bureau et prit dans un de ses tiroirs un portefeuille fermant à clef.

Il faut que mon contrat de mariage soit signé

avant ce soir, dit-il en ouvrant son portefeuille.

Dans ce portefeuille, il prit une lettre écrite sur papier très-mince, et portant le timbre des États-Unis d'Amérique.

C'était une lettre d'Ellen Talbot, adressée à Hélène de Boistrudan.

Le vicomte l'avait payée fort cher, ainsi que plusieurs autres à un vieux coquin nommé Gontier, très-bon domestique, qui servait les Boistrudan depuis quarante ans.

Gontier livrait ainsi à M. de Villiers, moyennant finances, toutes les lettres qui portaient le timbre américain.

— Je veux relire le passage, pensait Henri. Ellen vivra plus longtemps que Rosen. Cet acte qu'ils emportent vaut le bon billet qu'avait La Châtre !

Il parcourut rapidement de l'œil la première page de la lettre, puis la seconde.

En tête de la troisième il lut.

« ... Rosen est grand, Rosen est généreux. Malgré l'énormité du mal que mon mari lui a fait, il ne tuera pas mon dernier espoir. Tant que le père de ma chère petite vit, il peut nous revenir. Rosen a fait serment qu'il ne prendrait pas la vie de son ennemi, tant qu'il y aurait espoir de retour... »

Henri repassa deux ou trois fois ces quelques lignes avec attention.

— Ce fou mourrait plutôt que de trahir son serment! murmura-t-il. Mais, fit-il en s'interrompant, le texte est formel : tant qu'il y aura espoir de retour... Nous retarderons la signature du contrat; car ce contrat signé enlèverait *tout espoir de retour*. Il faut attendre... Heureusement, le délai ne sera pas long. Que je connaisse seulement son visage et tout sera dit... Georges Leslie me le montrera cette nuit, et suivant toute apparence, la journée de demain verra bien des choses.

Il sonna son valet de chambre.

— Je n'y suis pour personne, dit-il, excepté pour M. Benoist, qui viendra sur les cinq heures.

L'hôtel du vicomte avait un jardin ; dans le jardin, le vicomte avait fait établir un tir.

Malgré le froid, il passa une bonne partie de la journée à viser la cible, tantôt au pistolet, tantôt à la carabine.

Sa main n'avait rien perdu ; son coup d'œil était toujours perçant et juste. Il rentra vers la tombée de la brune, content de son adresse. M. Benoist se fit annoncer presque aussitôt après.

Si Henri n'avait pas entendu son nom tomber de

la bouche du valet de chambre, il ne l'aurait point reconnu.

M. Benoît était grimé comme jamais propriétaire ne le fut.

C'était à faire croire qu'à tous ses autres métiers il avait joint jadis celui de comédien : ses cheveux, que nous avons vu grisonner cette nuit, brillaient maintenant plus noirs que l'aile du corbeau. Il avait des favoris Windsor, vulgairement dits côtelettes, ébouriffés comme il faut, et où la teinture à la minute avait passé. Son front et son visage avaient subi une lessive nécessaire ; son linge était propre ; il se tenait droit, dans un costume tout neuf.

Il avait rajeuni de quinze ans.

— A la bonne heure ! s'écria Henri ; à Fontenoy, nos cavaliers français avaient tous des chemises de linon garnies de dentelles. Vous vous êtes fait beau pour la bataille, ami Benoît.

— Pensez-vous que ce coquin de Towah me reconnaîtrait ? demanda Benoît.

— J'affirme le contraire ! vous êtes superbe, et votre bonne mine me confirme dans une idée que j'avais. Voulez-vous que je vous présente à Mme la duchesse de Rivas ?

— Moi ! fit le propriétaire étonné.

— Son mari est ce marquis de Concha dont nous parlions tantôt, et que j'ai connu au Nouveau-Mexique. Il a pris, depuis peu, le titre de duc de Rivas?

— A quoi cela servirait-il? demanda encore Benoît.

— A vous avoir sous la main à l'hôtel de Rivas, et ensuite... Mais d'abord avons-nous nos hommes?

— Huit gaillards de toute beauté : quatre pour vous, quatre pour moi.

— On peut compter sur eux?

— Je les ai choisis moi-même.

— Et vous les payez bien?

Benoît prit un air mélancolique.

— Il fallait se fendre? soupira-t-il ; ne me parlez pas de ça, j'y serai du mien !

— Où les trouverons-nous? demanda encore le vicomte.

Benoît soupira plus fort.

— J'ai été obligé d'introduire le loup dans la bergerie, répliqua-t-il ; mes huit drôles sont chez moi, rue Saint-Denis, à Montmartre. Du moment que ces gens-là savent le chemin de ma villa, je n'en veux plus, vous sentez bien : mon parti est pris, après l'affaire, je vendrai tout là-bas et je m'expatrierai.

— Vous quitterez la France?

— Pas tout à fait, mais je changerai de banlieue. J'irai à Belleville ou à Montrouge acheter un autre terrain et bâtir d'autres chalets.

— Ce qui m'étonne, dit le vicomte, c'est que vous les ayiez laissés seuls chez vous !

— Ça m'étonne bien aussi, mais qu'on faire ? D'ailleurs, il eût toujours fallu les introduire cette nuit pour guetter le Towah. Tout est barricadé ; je leur ai fait un bout de morale : ils m'ont promis de se tenir tranquilles... Et puis, ils auront de quoi s'occuper. Dès neuf heures, je veux que mes quatre à moi se mettent en embuscade dans mon jardin. Towah reviendra : c'est clair. Savez-vous l'idée que j'ai eue ? Je lui ai fait creuser une fosse au milieu de la pelouse, à la place où nous avons trouvé Mohican sous la neige.

— Bonne idée ! dit Henri, mais parlons affaire : il faut que je dîne et que je dorme, car nous aurons de la besogne cette nuit. Vous allez acheter un domino pour vous, deux dominos pour les deux plus robustes de vos hommes, deux habits complets de livrée pour les deux autres.

— Quelle livrée ? demanda Benoît.

— N'importe laquelle : marron sombre avec boutons blancs de fantaisie... un cocher et un valet de pied. Cela fait, vous louerez un landau et deux bons chevaux, si on ne veut pas vous louer sans cocher vous achèterez.

— Il faut de l'argent pour tout cela, grommela Benoît.

Henri lui tendit son portefeuille.

— Vers deux heures de la nuit, reprit-il, le landau, conduit par deux de vos hommes, et renfermant les deux autres, viendra prendre la file le plus près possible de la porte de l'ambassade.

— Et puis?

— C'est tout pour le moment. Cette nuit, au bal, je vous dirai ce qui vous reste à faire.

— J'y serai donc, décidément?

— Vous y serez.

Il sonna et demanda à dîner. Benoît sortit pour faire ses emplettes.

M. le vicomte mangea d'assez bon appétit ; après quoi il fit un somme, suivant l'héroïque coutume de tous les grands capitaines à la veille d'une bataille.

XII

MYSTÈRES

A l'heure où M. de Villiers et son fidèle Benoît causaient dominos landau et livrée, on parlait aussi livrée, voiture et dominos dans la modeste demeure du général Daniel O'Brien, située rue d'Amsterdam, non loin de la barrière de Clichy.

La maison du général avait un petit jardin, comme presque toutes celles de ce quartier nouveau. A l'extrémité du jardin, un pavillon s'élevait au centre d'un bouquet d'arbres ; derrière le pavillon, une porte de sortie donnait sur la rue de Parme.

Georges Leslie et Towah logeaient dans le pavillon.

Il faut le désert pour la chasse à l'homme. Dès la première nuit de son séjour à Paris, Towah qui avait pris jadis avec beaucoup de soin la mesure du pied de son ennemi, commença à chercher des pistes dans la neige battue, le long des rues et des boulevards ; mauvais métier ; abondance de biens nuit : il y a trop de pistes ; Towah rentra découragé.

Il passa la seconde nuit à guetter les passants et à regarder sous les persiennes, partout où se montrait une lueur ; ce moyen ne lui réussit pas mieux que l'autre.

Sa troisième nuit, commencée sur le quai d'Orsay, où nous l'avons trouvé dans l'embrasure de la porte basse du jardin de Boistrudan, devait aboutir à un succès inespéré.

Nous avons vu comment Towah, au sommet de la butte Montmartre, était tombé sur une piste qui le menait au logis du Mohican. Il ne s'agit pas du chien, mais de l'homme, M. Benoît. Désormais, Towah savait où trouver Mohican, et par conséquent Mohican appartenait à Towah.

A l'heure où nous entrons chez le général O'Brien, Towah était dans la retraite qu'on lui avait assignée, couché tout de son long sur le sol. Le général et

Georges Leslie s'entretenaient dans la chambre voisine, éclairée par une seule lampe dont la lumière, projetée jusque dans le trou, frappait obliquement la face de l'Indien. Il avait les yeux fermés ; ses traits, hâves et marqués d'anciens tatouages, portaient, en outre, la trace de deux profondes morsures.

Le chien Mohican s'était vengé avant de mourir étranglé. Il n'y avait plus de vivant que Mohican, l'homme.

O'Brien et Leslie, comme on le pense, s'occupaient du vicomte Henri de Villiers.

— Il a une porte de derrière, disait le vieux général, qui gardait cette idée fixe depuis son entrevue avec le vicomte ; faites bien attention qu'il a une porte de derrière !

— Nous y mettrons le verrou, répliqua Georges Leslie en parcourant les papiers que Daniel O'Brien venait de lui remettre.

C'était l'acte de vente à fonds perdu avec la contre-lettre.

— Je ne suis pas très-fort en affaires, reprit Leslie ; M. Lemesle vous a-t-il bien affirmé que cela suffisait ?

— Parfaitement, mais le vicomte a une porte de derrière.

— Je vous dis, mon cher ami, que nous la condamnerons.

Il y eut un silence, pendant lequel Georges examinait les papiers.

— Voici qu'Ellen est riche... murmura-t-il.

— Pourvu que le vicomte meure avant vous, fit observer O'Brien.

— Le vicomte mourra avant moi! Il faut que la fille d'Ellen ait tout le bonheur que Dieu peut donner sur la terre aux mieux aimées parmi ses créatures. Je vous remercie de tout mon cœur du cordial appui que vous m'avez prêté en cet occasion, général.

— *Begorra! ma bouchal!* comme nous disons là-bas en Irlande, s'écria O'Brien, j'en aurais fait dix fois plus pour vous obliger, mon cher enfant; mais il y en a bien une part pour ma petite Hélène, dont je raffole. L'idée que ce coquin de vicomte pourrait être son mari...

— Soyez tranquille! voulut interrompre Georges.

— Je suis tranquille, attendu que je l'assommerais plutôt de ma propre main! A présent, mon jeune ami, donnez-moi mon bout de rôle à étudier. Qu'allons-nous faire?

Georges plia ses papiers et les mit dans un portefeuille.

— Si vous aviez une fille, général, dit-il avec une certaine émotion dans la voix, répondez-moi bien franchement, me la donneriez-vous?

— Mon fils est mort, prononça le vieillard lentement et d'une voix pleine de tristesse; voilà déjà bien des jours que je suis seul en ce monde. Georges, je vous aime depuis la première heure où je vous vis. Au lit de mort mon pauvre enfant chéri, nous parlâmes de vous; il me dit: « Vous le reverrez, père, il sera votre fils. » Vous souvenez-vous Georges, un soir que je vous rencontrai seul et bien triste le long du quai du Louvre? Nous nous accoudâmes sur le parapet, je vous dis: « Allons, jeune homme, épanchez-moi ce cœur-là tout de suite, ou je me fâche! »

— Oui, murmura Leslie en souriant, je me souviens de cela; digne homme! excellent ami!

— Vous me racontâtes votre histoire, Georges, modestement et timidement; car vous avez toujours peur, on le croirait, de voler l'admiration de qui vous écoute. Votre histoire n'était pas longue alors, vous n'aviez que vingt ans. Depuis vous avez traversé la mer, vous avez eu d'autres batailles et d'autres souffrances. Je vous ai revu après cinq ans écoulés: j'ai lu de nouveau dans votre âme blessée. J'y ai cherché en vain la haine que j'aurais à votre place, moi qui suis pourtant, à ce qu'ils prétendent, un vrai gentilhomme, un bon catholique et un soldat loyal. Depuis cinquante ans que je porte une épée, je n'ai jamais trouvé d'homme plus vaillant que vous, Leslie! Leslie, depuis cinquante ans que je cours le monde, je n'ai jamais ouvert un plus honnête livre que votre cœur! Oui, oui, je vous donnerais ma fille, avec bonheur, avec reconnaissance, et vous me faites regretter de ne m'être pas remarié quand j'étais jeune encore, voyez-vous car j'aurais peut-être une fille, en effet, et je serais votre père!

Il avait en vérité des larmes dans les yeux.

Georges lui rendit sa chaleureuse étreinte.

— Me donneriez-vous votre fille, demanda-t-il encore, alors même que je reviendrais en vous disant: « Je l'ai tué? »

— Des deux mains, *Bégorra!* Je suis Irlandais. Là-bas la loi anglaise est contre nous et nous sommes parfois obligés de faire nos affaires en dehors de la loi. La chevalerie est morte, mais elle ressuscite de temps en temps. Il y a des hommes qui sont des bêtes fauves. Si vous aimiez ma fille, je vous dirais: « Arrange-toi! Casse-moi la tête à ce drôle-là, si tu veux être mon gendre! »

— Ah! pourtant, interrompit-il, avant de conclure, je prendrais la main de mon ami Georges, je le prierais de me regarder dans le blanc des yeux, et je lui demanderais s'il est bien sûr d'avoir oublié l'autre Hélène...

— Ellen! murmura Leslie, dont la voix prit des accents douloureux; jamais je ne l'oublierai. Elle n'est pas coupable, elle est malheureuse... mais je ne peux plus être pour elle qu'un soutien compatissant et dévoué. Ellen est la femme d'un autre...

Son front se pencha sur sa poitrine.

Le vieux général secoua la tête et dit brusquement:

— Ah ça! dit-il, pourquoi toutes ces questions? Je n'ai point de fille...

— Dans notre pays de Hongrie, murmura Georges, nous sommes poètes. Il se passe en moi quelque chose d'étrange. Avez-vous vu parfois ces deux fleurs jumelles dont les boutons se balancent au bout de la tige longue et flexible du rosier Victoria regina? Une des deux roses éclot la première; tant qu'elle garde sa fraîcheur et son parfum, l'autre, sa sœur, cache dans la verte enveloppe du bouton son parfum et le velours orangé de sa corolle. L'aînée se fane, cependant, et tombe; la seconde s'ouvre si parfaitement pareille à la morte, que l'œil charmé se trompe. Ce sont deux fleurs et c'est la même fleur. J'ai eu ce rêve que deux femmes pouvaient avoir la même âme.

— Des rosiers, des corolles, deux âmes pour un seul corps! grommela le vieux général, j'aimerais mieux un peu de prose tout bêtement intelligible et chrétienne, mon cher enfant: je ne comprends pas l'allemand.

Georges sembla s'éveiller.

— Si vous aviez une fille... reprit-il.

— Encore! s'écria O'Brien avec impatience.

— Laissez-moi achever. J'ai besoin de votre opinion. Supposez le cas où je vous dirais : « J'ai tué cet homme, quoique j'eusse fait serment de l'épargner... »

— Vous avez fait serment de l'épargner, vous! répéta le général, qui bondit sur son fauteuil.

— Ellen est marié, prononça Georges doucement; Ellen a un enfant; elle m'a dit une fois: « Est-ce vous qui rendrez ma fille orpheline »?

— Mais alors, fit O'Brien, quel jeu jouons-nous, s'il vous plaît?

— Me donneriez-vous votre fille? demanda Leslie au lieu de répondre.

Le vieux général frappa du pied avec colère.

— Je n'en sais rien! gronda-t-il; que votre serment aille au diable! Et pourtant, un serment!... Ecoutez-moi, Georges, je vous préviens d'une chose: si je vois que vous allez sans arme à un adversaire cuirassé de toutes pièces, je me retire. Vous êtes homme à faire de la magnanimité mal à propos, je vous connais...

Georges lui tendit la main.

— Je veux rester digne de moi, dit-il, tandis que son beau sourire éclairait la mélancolie de son visage, digne de ceux qui m'aiment : digne de celle qui m'aimera... peut-être.

O'Brien arpentait la chambre à grands pas.

— Vous avez des projets de mariage? dit-il en se rapprochant tout à coup.

— Oui, répliqua Georges, le bonheur de ma vie est en question, c'est vrai.

— Pourquoi ne m'avez-vous rien dit jusqu'ici?

— Je ne me l'étais pas dit à moi-même.

Il passa la main sur son front et reprit :

— Nous reparlerons de cela; quant à ce qui regarde la conduite que j'ai à tenir vis-à-vis de M. le vicomte de Villiers, mon cher général, il est des circonstances où c'est folie de demander conseil, même à son meilleur ami. A l'heure où nous sommes, Dieu seul peut lire dans mon cœur. Pour tranquilliser votre conscience, je puis vous promettre seulement qu'au moment du combat j'aurai des armes. Convenons de nos faits : connaissez-vous bien l'ambassade du Brésil?

— Le duc de Rivas m'a serré la main deux ou trois fois, c'est tout. Il est très-grand seigneur et passe pour très-galant homme.

— Et la duchesse?

— C'est une femme belle à miracle, qui parle peu, qui semble fière, que je crois triste. Elle est la Providence des œuvres de charité. Je la connais un peu plus intimement que son mari.

— Vous m'aviez dit...

— Que je pourrais vous procurer un cabinet de toilette pendant le bal? Le secrétaire de M. le duc a servi sous moi dans les Algarves : il m'est dévoué.

— L'ambassade a une porte sur l'avenue Gabriel, aux Champs-Elysées?

— La grille même du jardin donne sur l'avenue.

— Comment se nomme le secrétaire?

— Vieyra.

— M. Vieyra peut-il vous ouvrir cette grille à un moment donné?

— Je le crois... pourquoi?

— Parce que, demain matin, ni le vicomte ni moi nous ne devons sortir de l'hôtel de Rivas par la porte de tout le monde.

— Serai-je avec vous?

— Oui.

— Alors, on ouvrira la grille.

— A cette grille, vers quatre heures de nuit, il faut qu'il y ait une berline de voyage attelée en poste.

— Elle y sera.

— La berline devra contenir deux carabines à deux coups, pareilles, avec une douzaine de cartouches.

— C'est donc pour demain ? demanda le général.

— Selon toute apparence.

— Nous aurons les carabines et les cartouches.

— Towah ! appela Georges Leslie.

L'Indien, jusqu'alors immobile comme les statues couchées sur les tombeaux, et qui semblaient plongé dans un profond sommeil, se leva tout d'une pièce.

Il resta ainsi debout et muet, attendant l'interrogation de son maître.

— Combien y a-t-il d'hommes à Montmartre dans le logis de Mohican ? demanda Georges.

— Huit, répondit le Pawnie.

— Qui doit-on tuer ?

— Celui-ci une fois, répondit Towah en montrant O'Brien, moi une fois, vous deux fois.

Le général ne comprenait pas. Georges lui serra la main et lui dit :

— L'amitié d'un homme comme moi est un fardeau et un péril ?

— Je voudrais seulement tenir ce coquin face à face, au bois de Boulogne ou ailleurs, répliqua le vieil O'Brien ; vingt pas, de bons pistolets... je n'approuve pas le duel en principe, mais quand on ne peut pas faire autrement, voilà ce que j'appelle un duel !

Georges consulta sa montre.

— En chasse ! dit-il à Towah ; tu marches pieds nus depuis assez longtemps !

La poitrine de Towah rendit un rauque et profond soupir.

Sa taille sembla grandir tout à coup.

Il glissa sa main droite sous les plis de sa couverture et en retira un couteau long à manche de bois, brillamment affilé comme un rasoir. Il le brandit trois fois au-dessus de sa tête, puis il se prit à danser en modulant un chant monotone. C'était l'allégresse sauvage de l'Indien qui fait son premier pas dans le sentier de la guerre.

Au moment où son couteau étincelait en rond pour la troisième fois, Towah gagna la porte-fenêtre et disparut dans la nuit.

— Cela doit bondir mieux qu'un tigre ! dit O'Brien.

Un cri guttural lui répondit du dehors. C'était

Towah qui, dédaignant, selon sa coutume, de passer par la porte, venait d'escalader, d'un seul élan, la muraille du jardin qui longeait la rue de Parme.

— Nous allons nous séparer, mon cher général, reprit Georges.

— Ne venez-vous point avec moi ? demanda le vieillard.

— Non, un autre que vous doit me présenter à Mme la duchesse. Je vous donne rendez-vous à deux heures de nuit au plus tard. N'oubliez pas le costume hongrois sous votre domino, songez à la berline et aux armes. Songez surtout à vous-même, et tenez-vous sans cesse sur vos gardes, car mes ennemis sont désormais les vôtres, et cet homme a fait dessein de vous assassiner.

— Nous sommes à Paris, répliqua le général, et non pas chez les Couteaux d'or. Je sortirai d'ici en voiture ; en voiture j'arriverai à l'hôtel de l'ambassade. N'ayez point d'inquiétude sur moi... moi je n'en ai point sur vous. Je ne sais pas ce que vous voulez faire, mon cher Georges, je sais seulement que tout ce que vous ferez sera honnête et loyal. Au revoir. Je vous rejoindrai à deux heures de nuit chez Mme la duchesse de Rivas.

Ils s'embrassèrent et le vieux général se retira.

Georges commença aussitôt sa toilette ; il était près de onze heures.

Georges, obligé d'être lui-même son propre valet de chambre, tira de son armoire un paquet et une boîte ; le paquet contenait un costume mexicain d'une certaine richesse, à cause des broderies qui ornaient l'écharpe, la soubreveste et la culotte.

Georges baisa la broderie de l'écharpe.

— Je n'ai jamais vu la main qui a tracé ces broderies, murmura-t-il : ma sœur Carmen ! ma noble et généreuse sœur ! qu'est-elle devenue ?...

Avant que je meure, dussé-je traverser l'Océan tout exprès pour cela, je voudrais voir et baiser sa main comme celle d'une sainte !

Il avait étalé les différentes pièces de son costume sur des chaises. Avant d'ôter sa redingote, il prit dans sa poche une lettre mignonne, dont l'écriture ne pouvait appartenir qu'à une femme.

Il la tint un instant entre ses doigts d'un air rêveur.

— Je ne connais pas cette écriture, pensa-t-il tout haut, mais cela concorde trop bien avec le rapport de Towah pour être un piége. Et cependant, qui peut m'écrire ainsi ? Qui donc s'intéresserait à moi dans ce Paris, où je n'ai fait que passer autrefois ?

Le nom d'Hélène vint jusqu'à ses lèvres.

— Impossible ! dit-il, répondant à sa propre pensée ; comment mademoiselle de Boistrudan saurait-elle ?.. D'ailleurs, elle m'a vu hier pour la première fois ! Je suis fou !

Il ouvrit la lettre qui était ainsi conçue :

« M. Georges Leslie doit être présenté ce soir à l'ambassade du Brésil ; M. G. L. a entamé une lutte inégale. Cette nuit, quatre hommes seront apostés aux abords de l'ambassade : un landau sans armoiries, renfermant deux dominos, le cocher et le valet de pied en livrée brune : ce sont quatre assassins. La personne qui fournit ce renseignement à M. G. L. le reçoit à l'instant même ; à six heures du soir, elle en aura d'autres. M. G. L. a eu tort de parler comme il l'a fait, hier, chez Mme la marquise de B. La personne que M. G. L. a voulu compromettre essaiera de réduire au silence, cette nuit, tous ceux qui pourraient divulguer son vrai nom, savoir : le général O'B., M. G. L., le comte Albert de R. et l'Indien T. »

A bien relire cette étrange missive, l'étonnement de Georges devait arriver à son comble. Qui donc pouvait connaître ces détails ? Georges avait reçu la lettre quelques minutes avant l'arrivée du général.

Les instructions qu'il avait données à ce dernier s'en étaient ressenties.

Maintenant que le général n'était plus là, Georges se répétait involontairement et pour la centième fois cette question :

— Qui peut avoir reçu ainsi la confidence du vicomte? A supposer que le vicomte se soit ouvert à un tiers dans une circonstance si grave, quel intérêt ce tiers peut-il avoir à le trahir?

Georges fouillait en vain son esprit. Ce problème était pour lui insoluble.

Il remit la lettre dans sa poche et fit rapidement sa toilette de bal masqué. Sous la chemise de cotonnade anglaise, brodée de soie rouge, il glissa un couteau renfermé, manche et lame, dans une gaîne de paille nattée.

Le fameux *couteau d'or* exhibé par le vicomte de Villiers au réveillon de la marquise avait un étui presque semblable.

Comme il allait sortir par la porte-fenêtre que Towah avait laissée entr'ouverte, il vit un objet blanc sur le seuil. Il le ramassa.

C'était un billet à son adresse.

L'écriture était la même que celle de la lettre mystérieuse.

Le billet disait :

« On n'a pu rien apprendre des projets du vicomte de V... Le landau et les quatre hommes doivent servir sans doute à quelque embûche. Le plus sûr pour M. G. L. serait assurément de ne point aller à l'ambassade brésilienne cette nuit. On s'occupe de sauvegarder le général O'B. »

Il n'y avait pas plus à deviner cette seconde énigme que la première.

Georges s'enveloppa dans son manteau, prit un coupé rue de Boulogne, et se fit conduire à l'hôtel de M. le vicomte de Villiers.

— Je n'ai toujours rien à craindre, pensait-il, jusqu'à ce que je lui aie montré le comte Albert de Rosen. En me tuant, il tuerait sa meilleure chance de salut.

Minuit sonnait à la pendule quand Georges fut introduit par Jean, le groom du vicomte.

Le vicomte était prêt.

Il portait un costume complet de Golden-dagger ; le couteau d'or pendait à son cou par une magnifique chaîne du même métal.

— Vous êtes exact, monsieur, dit-il en voyant entrer Leslie.

Pendant qu'ils se serraient la main, ils se regardèrent attentivement tous les deux.

C'étaient deux beaux jeunes gens.

Le costume des aventuriers de la montagne allait merveilleusement bien au teint brun et aux traits aquilins de Henri.

L'élégance vigoureuse de Georges ressortait sous ses habits de Vecino.

— Si nous nous étions rencontrés là-bas, sous ces uniformes ennemis, dit le vicomte, l'un de nous deux fût resté mort dans l'herbe, cher monsieur Leslie.

— C'est vraisemblable, répliqua Georges.

Le vicomte le considéra encore un instant en silence, puis il reprit :

— Ici, du moins, nous sommes alliés.

Georges s'inclina. Henri sonna et demanda sa voiture.

Avant de partir, il se regarda dans la glace, et, disposant la chaîne qui soutenait son couteau d'or à la hauteur de la ceinture, il dit :

— Vous voyez que j'accepte bravement la gageure. Malgré mon masque, notre homme doit nous reconnaître du premier coup d'œil à ce signe.

— Et certes, ajouta Georges avec un singulier sourire, en vous voyant ainsi costumé, il jugera bien que vous n'avez pas peur de lui !

Une minute après, ils étaient dans la voiture, qui prit au galop le chemin de l'ambassade du Brésil.

XIII

LES CHEVEUX DE MADAME LA DUCHESSE

C'était une grande fête, annoncée depuis longtemps, et par laquelle madame la duchesse de Rivas payait sa bienvenue au monde Européen. *Tout Paris* devait y être, comme disent les hommes d'esprit qui font les *revues élégantes* dans les journaux *élégants*. On avait stipulé dans les lettres d'invitation que, sauf l'habit noir pour les hommes et la robe de bal pour les dames, tous les costumes étaient admis. Ceci permettait le domino, cette embuscade portative.

Mme la duchesse de Rivas n'était pas une provinciale, c'était même plus qu'une parisienne, puisqu'elle venait de Rio-de-Janeiro.

La cour de l'hôtel, brillamment éclairée, laissait voir aux pauvres diables ameutés dans la rue du Faubourg Saint-Honoré son grand perron qui ressemblait à une montagne de fleurs. Au centre de ce parterre étagé, une large voie, recouverte de tapis, montait au vestibule. Le vestibule apparaissait comme le péristyle d'un palais de fée, avec ses guirlandes éclatantes et ses mille jets de lumière. En regardant cela, les pauvres diables avaient les pieds dans la neige fondue ; une pluie fine et froide leur tombait sur le dos, mais ils restaient.

Quand nous disions que tout s'en va, que tout se fane, nous sous-entendions une honorable exception en faveur du badaud, qui fleurira jusqu'à la fin du monde.

Le badaud aime le « plaisir » de confiance et surtout parce qu'il ne sait pas ce que c'est.

Dans le maître escalier, c'étaient des fleurs, encore, de ces belles exilées qui regrettent, malgré la chaleur factice de nos serres, le radieux soleil des tropiques.

L'air s'embaumait de leurs tièdes parfums.

Au loin, dans les salons, on entendait déjà les préludes de Tolbecque et de son orchestre.

C'était l'aurore du bal. Tout était encore frais et charmant ; la maison semblait vivre, dans ses marbres fleuris, dans ses cristaux étincelants, dans ses lourdes et splendides draperies.

Les danseurs n'étaient pas arrivés ; le mouvement manquait et les sourires ; mais au fond de la coupe, vide encore, l'espérance de boire est déjà ; demandez aux amateurs : nul vin ne vaut cela.

La coupe est belle, toute neuve et ne porte point à ses bords ciselés la trace ternissante des lèvres ; la fête est belle aussi quand elle attend sa première joie.

Ce qui est triste, c'est la coupe souillée et renversée ; ce qui est navrant, c'est la salle assombrie et froide, où le matin naissant ne trouve plus que parfums viciés sous les lustres éteints : corps sans âme où rien ne reste qu'un désordre immobile autour de l'orchestre muet. Rien n'est hideux et honteux comme le cadavre de ce pauvre être que le monde appelle : le plaisir.

Il était onze heures ; le maître des cérémonies, à la tête de son armée, jetait un dernier coup d'œil connaisseur et satisfait aux salons.

L'État-major du service faisait sa ronde suprême.

Blanche et ses mirmidons tenaient leur poste à la glacière ; Chevet, calme et grand comme sa renomméo, dominait l'office et préludait aux apprêts du souper.

La toilette de Mme la duchesse de Rivas venait de s'achever. C'était une femme de vingt à vingt-deux ans, dans tout l'éclat de sa jeunesse et de sa beauté. Elle était grande ; sa taille svelte, donnait à son maintien une grâce incomparable. Sa figure, d'un grand caractère, aux traits purs et hardiment dessinés, était éclairée par le rayonnement d'une âme généreuse et bonne.

Mme la duchesse de Rivas avait les cheveux courts. —Ceci, nous devons le dire, n'allait point avec le royal caractère de sa beauté.

C'était une chevelure d'un noir brillant et bleu, si fermement plantée et d'une si luxuriante épaisseur, qu'on se demandait involontairement pourquoi ces boucles opulentes couvraient à peine la chute du cou et la naissance des épaules. On eût voulu les voir onduler en longues tresses. Il y avait en quelque sorte déception, comme au moment où l'œil s'aperçoit que l'aile d'un bel oiseau captif est coupée. Le fait d'avoir tranché ces boucles merveilleuses ne pouvait s'appeler un caprice, mais les poètes de l'école andalouse qui montaient alors et dégringolaient le Parnasse par les escaliers bleus, le nommaient une profanation.

Madame la duchesse de Rivas était la femme à la mode. Plusieurs vicomtesses laides avaient déjà fait abattre, pour lui ressembler, la petite queue naturelle qui servaient à retenir leur fausse natte.

Le faubourg Saint-Germain recevait madame la duchesse de Rivas, le faubourg Saint-Honoré se l'arrachait, la Chaussée-d'Antin parait de son nom le programme un peu charlatan de ses fêtes

On parlait d'elle jusqu'au Marais!

Ceux qui la connaissaient bien la disaient spirituelle au possible. On citait ses mots que tout le monde connaissait excepté elle. Les malheureux savaient si elle était bonne.

M. le duc de Rivas était jeune encore et possédait une fortune princière. A l'endroit de ce noble ménage, la médisance se taisait.

A peine avait-il été remarqué par ces gens dont le métier est de remarquer tout, que madame la duchesse de Rivas, pieuse ardemment à la façon des Espagnoles, semblait partagée entre les entraînements du monde et l'attrait de sa dévotion. On eût dit qu'elle cherchait tantôt ici, tantôt là un remède à quelque mélancolie.

D'où venait cette tristesse? La veille encore personne au monde n'eût pu risquer une supposition à ce sujet, personne, pas même madame Dalmas et mademoiselle Suzanne, femmes de chambre de bon style qui servaient madame la duchesse. Mais ce jour de fête, précisément, un fait singulier s'était produit qui avait rempli de joie l'âme des deux caméristes.

Elles s'observaient mutuellement depuis lors, et la jalousie, qui n'est jamais à naître entre collègues, grandissait heure par heure chez elles.

Il y avait quelque chose.

Qui devait être la confidente : Mme Dalmas, camériste distinguée, ou Mlle Suzanne, femme de chambre artiste ?

D'abord, ni l'une ni l'autre ne voulait partager.

Partager quoi ?

Voici ce que savaient mademoiselle Suzanne et madame Dalmas :

La duchesse avait amené d'Amérique une compagne d'enfance, de respectable famille, mais pauvre, beaucoup plus âgée qu'elle, et qui lui avait presque servi de mère. Elle avait nom Rosario et avait épousé sur le tard à Rio-Janeiro le principal secrétaire de M. de Rivas.

Ce matin-là même, Rosario était venue rendre visite à l'hôtel. Les deux caméristes avaient entendu peu de chose de la conversation qui avait eu lieu entre elle et madame la duchesse ; Rosario avait passé la soirée de la veille à l'hôtel de Boistrudan ; c'était là le plus clair.

Puis des noms prononcés : Le vicomte Henri de Villiers, M. Georges Leslie, le comte Albert de Rosen...

Un seul de ces noms était familier à madame Dalmas et à mademoiselle Suzanne : Henri de Villiers, qui était l'ami de M. le duc.

Il était de bonne heure encore quand Rosario se retira. Madame la duchesse n'était pas levée.

A son lever, Suzanne et madame Dalmas la trouvèrent préoccupée. L'espoir les prit.

Rosario revint deux fois dans la journée.

Mme la duchesse ne semblait pas se douter qu'il y avait chez elle une grande fête ce soir. Elle ne mangea point au déjeuner. M. le duc fut jusqu'à lui demander si elle était indisposée.

Mme Dalmas et Mlle Suzanne attendaient et guettaient. La fièvre les prenaient ; elles flairaient positivement une histoire, et chacune d'elles se tenait prête à faire du zèle, le cas échéant, à l'exclusion de sa rivale.

Le vicomte Henri de Villiers avait un petit groom nommé Jean, qui était l'aîné des enfants d'une pauvre ouvrière brodeuse que l'excès de travail avait faite aveugle. Cette famille, réduite aux derniers abois de la misère, reçut un jour la visite d'un ange. La duchesse monta les sept étages du grenier où Mme Lemière et ses enfants souffraient la faim et le froid. A dater de ce moment, tout changea : le pain ne manqua plus jamais dans la pauvre demeure ; les jeunes filles travaillèrent ; les garçons allèrent à l'école. L'aîné entra au service de M. le duc, qui le céda au vicomte Henri. C'était Jean. Jean aimait Mme la duchesse de Rivas plus que sa mère.

Jean, ce jour-là, vint demander Mme la duchesse vers deux heures après midi.

Suzanne et Mme Dalmas voulurent le renvoyer, mais il dit : « Je suis attendu. »

On alla prévenir la duchesse, qui ordonna d'introduire Jean chaque fois qu'il se présenterait.

Les deux caméristes se regardèrent. Ce qu'elles pensèrent nous n'en savons rien.

Jean, le petit groom, resta un grand quart d'heure avec Mme la duchesse, qui avait défendu sa porte.

A six heures du soir il revint.

Suzanne, qui entra cette fois comme il sortait, vit que la plume de Mme la duchesse était mouillée d'encre. On avait écrit.

Jean revint encore à dix heures du soir, et l'on écrivit de rechef.

Les deux caméristes grillaient d'envie de se communiquer leurs impressions, mais elles n'avaient garde.

Au moment où Mme la duchesse achevait sa toilette, le petit Jean vint pour la quatrième fois.

On fit sortir Mme Dalmas et Mlle Suzanne.

Le goût de la correspondance prenait Mme la duchesse avec une véritable fureur, décidément.

Les deux soubrettes auraient certes donné beaucoup pour coller une oreille à la serrure, mais elles se gênaient mutuellement. Sans cet antagonisme jaloux des domestiques, le métier de maître serait trop dur.

— As-tu remis la lettre? demanda la duchesse au groom.

— Oui, madame, répondit l'enfant.

— Et quoi de nouveau chez ton maître?

— Je n'ai appris qu'une chose : le valet de chambre m'a donné l'ordre de laisser entrer M. Georges Leslie à minuit.

— Qu'a fait le vicomte depuis le départ du général O'Brien?

— Il a tiré le pistolet et la carabine dans le jardin, puis il a dormi.

— A quelle heure ce M. Benoît est-il venu?

— Vers six heures.

— Avais-tu vu quelquefois ce M. Benoît chez le vicomte.

— Jamais.

— Jean, mon enfant, dit la duchesse, je te remercie. Tu m'as payé aujourd'hui bien plus que ne me doit ta bonne mère.

— Ma mère m'a dit, répliqua le petit groom, que mon sang et ma vie sont à madame la duchesse.

Il y avait sur son visage honnête et intelligent une nuance de tristesse.

— Tu crois bien, n'est-ce pas, reprit la duchesse, qui avait peur de deviner sa pensée, tu crois bien que je ne t'ai pas fait faire une mauvaise action?

— Oh! s'écria l'enfant, nous savons tous à la maison que madame la duchesse est une sainte!

Il s'arrêta et reprit en baissant les yeux :

— Cependant...

— Cependant? répéta la duchesse.

L'enfant avait le front et les joues couvertes de rougeur.

La duchesse lui dit :

— Parlez, Jean, je le veux!

— C'est une grâce que j'ai à demander à madame la duchesse, balbutia le petit groom. Si madame la duchesse connaissait une autre place...

— Pourquoi cela, Jean ? N'êtes-vous pas content du vicomte ?

— Oh ! si fait, madame ! il est bon pour moi !

— Alors !...

— C'est justement. J'ai manqué aujourd'hui à mon devoir envers lui, madame... je sens bien que je ne peux pas rester dans la maison.

La duchesse de Rivas lui tendit la main et l'attira vers elle.

— Jean, dit-elle à voix basse, c'était pour éviter un grand malheur. Tu sortiras de chez cet homme, en effet. Tu as un noble cœur, Jean, je te mettrai au collège. Dès aujourd'hui tu es mon fils.

Les larmes vinrent aux yeux de l'enfant, qui semblait plus résigné que joyeux.

Plus grand était le prix qu'on lui offrait, mieux il sentait un vague remords qui lui serrait le cœur.

— Va, reprit la duchesse. Ton maître sortira à minuit. Il faut que tu l'accompagnes. Souviens-toi que si tu as quelque chose à me dire cette nuit, tu dois me faire demander, fussé-je entourée de princes. Va, Jean, si tu avais eu quelques années de plus, je t'aurais dit mon secret, qui cache un noble et généreux dévouement.

Quand la duchesse fut seule, elle resta longtemps immobile, le front appuyé contre sa main.

Elle était très-pâle.

Son regard chercha le crucifix d'ivoire, pendu au-dessus de son prie-Dieu. Elle joignit les mains et pria longtemps.

Elle se releva plus forte que jamais dans sa résolution.

Oui, murmura-t-elle, j'ai raison d'agir ainsi ; mon mari connaîtra ce secret, et il m'approuvera quand je le lui révèlerai.

La glace qui était devant elle lui envoya son image. Elle se regarda en face et pensa tout haut :

Il faut que je sois forte ; mon visage ne doit pas trahir mon secret.

— Eh bien ! monsieur Jean, disait pendant cela madame Dalmas au petit groom qu'elle avait arrêté, vous voilà maintenant un homme, on vous charge de mission de confiance.

— Il faut de la discrétion, monsieur Jean, reprit mademoiselle Suzanne.

Monsieur Jean les salua bien honnêtement et s'esquiva.

La sonnette de Mme la duchesse retentit.

Les deux caméristes se précipitèrent à la fois pour répondre à cet appel. Elles trouvèrent Mme la duchesse calme et souriante.

— Mes cheveux ! dit-elle.

Il paraît que Mᵐᵉ la duchesse avait eu cette longue chevelure que nous lui souhaitions tout à l'heure. Ce qu'elle appelait ses « cheveux » était une sorte de camail formé de tresses légères travaillées comme du filet et portant à chaque maille une pointe de diamant.

Bien peu de femmes au monde eussent pu fournir ce qu'il avait fallu de boucles longues et moëlleuses pour ouvrer cette opulente guipure, dont le dessin ressortait noir et tout éblouissant d'étincelles, sur un fond de satin pourpre.

C'était splendide, et ce n'était pas trop beau pour Mᵐᵉ la duchesse de Rivas.

On prétendait connaître l'histoire de ce merveilleux manteau.

On disait que Mᵐᵉ la duchesse, quand elle était jeune fille, aurait pu se draper dans ses cheveux, dont les masses tombaient jusqu'à terre. On ajoutait qu'elle avait fait un vœu : Le fer toucha cette chevelure qui était un chef-d'œuvre de Dieu, et qui couvrit le sol comme une moisson superbe.

Le duc de Rivas, alors marquis de Concha, et qui recherchait sa main, voulut faire de cette chevelure une royale relique. De là le manteau diamanté qui faisait dire aux poëtes que la belle duchesse marchait dans un rayon de soleil.

M@@ de Rivas était prête. Elle donna l'ordre qu'on prévînt M. le duc.

Les histoires racontées la veille à l'hôtel de Boistrudan faisaient fureur cette nuit à l'ambassade du Brésil. M@@ la marquise était toute glorieuse d'entendre répéter autour d'elle ces noms qui lui appartenaient pour un peu, car ils étaient sortis de son salon : le Français Edouard, le comte Albert de Rosen, Towah le Pawnie, M. Benoît dit Mohican, l'Irlandais, qui vendait des biftecks de lion, les Goldendaggers, les Vecinos, et cette pure, cette noble et un peu romanesque dona Carmencita, la fille de l'alcade, dont la suprême beauté semblait éclairer tous ses souvenirs.

Hélène restait muette sous l'aile de sa mère.

— Et notez, disait M@@ la marquise à ceux qui venaient près d'elle, comme à la meilleure source, puiser des renseignements plus précis, notez que nous saurons le nom de ce misérable français. C'est une de nos connaissances, figurez-vous, et cela fait frémir, quand on songe qu'on a pu l'avoir à dîner ! Henri m'a formellement promis de me le donner.

— Il y a plus, ajouta-t-elle en prenant un air tout à fait mystérieux : le comte Albert de Rosen est à Paris. Quelque chose me dit que nous allons le voir. Nous sommes bien ; nous avons deux personnes pour nous le présenter : Le général O'Brien et M. Georges Leslie.

Ceux qui ne savaient pas se faisaient raconter.

Beaucoup doutaient de la réalité de ces fantastiques aventures, mais il y avait une circonstance qui saisissait tout le monde.

C'était le fait du départ de Rosen quittant Baltimore pour venir chercher son ennemi à Paris.

Il y avait en vérité chance de voir un duel américain dans le département de la Seine ! un de ces sauvages combats dont les récits nous étonnent toujours, livré au bois de Boulogne ou dans la plaine St-Denis ! Cela semblait curieux et presque impossible, mais pas tout à fait.

Paris aime à la fureur les choses invraisemblables. Il n'y a que celles-là qui méritent d'être vues.

Comment faire pour être bien placé ?

Si Rosen et son adversaire eussent pris la permission de M. le préfet de police et apposé des affiches, Dieu sait que *tout Paris* aurait couru à ce spectacle nouveau d'un duel à la carabine bien plus volontiers encore qu'au *steeple-chase* fatiguant de la croix de Berny !

Nous garantissons trois mille équipages, dont quinze cents fiacres et une forte partie de tapissières à quiconque voudra tenter cette honorable spéculation.

On cherchait partout le vicomte Henri de Villiers, qui devenait décidément le héros du jour, à cause de sa connaissance particulière de l'affaire.

On cherchait bien plus encore ce Georges Leslie, personnage un peu mystérieux et qui excitait par lui-même une très-grande curiosité.

La noble portion de *tout Paris* qui encombrait les salons de l'ambassade donnait en plein dans cette fringale d'aventures. La politique et la bourse étaient oubliées pour un soir.

Il y a un mot, vous savez, qui domine toujours une foule ; le mot varie suivant l'élément qui la compose : ce mot, c'est la pensée même de la réunion. Une cohue de voyageurs de commerce dit *commande* ou *scrutin* ; une volée de comédiens dit *succès* ou *claque*, un *mess* de garnison *major* et *permuter* ; une bande joyeuse d'étudiants : *mont-de piété* et *politique* ; une compagnie d'hommes sérieux : *prime*, *différence*, *réaliser* ; un bouquet de poètes : *Moi, moi, moi,* ; un saladier d'anciens émeutiers : *sénat, ministère...*

Ici, malgré la formation hétérogène de l'assemblée, le mot était le même partout :

Couteaux d'or !

Il y eut un grand silence lorsque M. le vicomte Henri de Villiers, dans son costume de Golden-Dagger, et portant en sautoir le fameux couteau d'or, fit son entrée avec Georges, en Vecino de San-Felipe de Sonora.

Le vicomte conduisit Georges à Mme la duchesse de Rivas, qui se tenait démasquée à l'entrée du second salon.

Chacun put remarquer que Mme la duchesse, pâle comme une belle statue de marbre, accueillit l'étranger par un simple mouvement de tête et ne prononça pas une parole.

Georges pâlit aussi, puis son front se colora d'une vive rougeur.

Il donna la main au vicomte et lui dit : « A bientôt ! »

Le vicomte resta seul avec un personnage d'aspect bizarre, qui le suivait comme un chien, depuis son entrée, et qui, malgré son masque, avait l'air de craindre les regards.

XIV

LA CONTREDANSE

Le bal était dans toute sa gloire. La foule, compacte et brillamment bigarrée, conservait juste assez d'espace pour se mouvoir. Le choix des costumes était charmant.

Dans cette atmosphère embaumée où la lumière ruisselait, tombant des plafonds dorés, surgissant des boiseries aux moulures contournées, rebondissant des parquets unis comme glace et rejetée en gerbes de tous côtés par l'or mouvant des parures, c'était un mouvement sans fin. Vous eussiez dit un océan de velours, de pierreries et de fleurs qui ondulait au souffle de je ne sais quel vent mystérieux.

On dansait dans les deux premiers salons, dans le troisième on faisait raout, dans la galerie on dansait encore, plus loin on jouait gros jeu.

Il y avait, comme on dit, un « monde fou », et voilà ce que j'appelle une expression pittoresque !

Quand donc *tout Paris* fut-il assez peu galant pour ne point répondre à l'appel d'une duchesse charmante, spirituelle, et riche à millions ?

Tout Paris fait le cruel parfois avec les parvenus. On dit cela. Quand on dit cela, *tout Paris* se rengorge.

Nous trouvons, nous, que *tout Paris* est bon prince, et qu'il s'encanaille trop souvent pour être accusé de morgue.

Tout Paris dédaigne les parvenus, voilà le principe.

Mais *tout Paris* va chez le baron Paul parce qu'il a beaucoup d'esprit, chez le baron Pierre parce qu'il est stupide, chez le comte Jean pour son faste, chez le comte Baptiste pour sa ladrerie, chez Meyendorff parce qu'il est juif, chez Maraudel parce qu'il est païen, chez Abd-el-Godard parce qu'il est musulman.

Il n'y a plus guère que les chevaux pour avoir des généalogies bien tenues.

Si *tout Paris* n'a pas encore été chez le bourreau, c'est que ce fonctionnaire ne reçoit pas.

Dans les salons de la duchesse de Rivas, il y avait tant de hautes personnalités tranchées, tant de vieille noblesse, et tant de gloire conquise, que ce pauvre *tout Paris* sentait bien qu'il n'était ici qu'un petit bonhomme!

C'était la première contredanse.

Georges Leslie avait très-timidement sollicité la main d'Hélène, qui dansait avec lui.

Le vicomte Henri de Villiers, retenu d'autorité par la marquise, avait dû prendre la place vide d'Hélène et subissait un interrogatoire.

— Je vous tiens prisonnier, cette fois, mon cousin, dit la marquise; vous allez me dire le nom de ce Français, de cet Édouard.

— Je m'y suis engagé, ma cousine, répondit Henri. Je tiendrai ma promesse.

La marquise approcha son siége et passa sa langue sur ses lèvres.

— Mais, reprit le vicomte, il est des convenances... des devoirs, ma cousine. Je suis l'ami de M. le duc de Rivas.

— M. le duc de Rivas ! répéta la marquise, que fait ici le nom de M. le duc ?

— Vous allez me comprendre ; un scandale au beau milieu d'une fête...

— Mon cousin, s'écria la marquise dont la curiosité atteignait à la fièvre, je vous proteste que je ne vous comprends pas du tout. Que me parlez-vous de scandale ?

Henri se pencha jusqu'à son oreille.

— Il est ici, murmura-t-il.

— Le Français ! dit la marquise qui bondit sur son fauteuil.

— Chut ! fit Henri ; vous sentez à quel point c'est grave !

— Mais je vous jure d'être discrète !

— Permettez-moi seulement une question, ma chère cousine. Si vous étiez madame la duchesse de Rivas et que le hasard eût amené dans vos salons un personnage pareil ?..

— J'entends bien ! j'entends... mais puisque je serai muette !

Henri secoua la tête ; son geste et sa pose étaient presque solennels.

— N'insistez pas, ma chère cousine, dit-il, j'aurais le déplaisir de vous refuser. Je ne veux pas être complice, même indirectement, de ce qui va se passer ici.

— Il va donc se passer quelque chose ?

— J'en ai déjà trop dit, murmura le vicomte.

— Henri ! Henri ! parlez au nom du ciel ! supplia la marquise ; d'abord, je vous préviens que je percerai ce mystère malgré vous. O'Brien va venir.

— Si le général veut vous instruire, répliqua le vicomte, tout sera au mieux, et j'aurai la conscience à couvert.

Une légère rougeur avait monté à sa joue, mais il gardait son sourire tranquille.

En ce moment l'inconnu à tournure gênée qui était entré avec lui et Georges Leslie, s'approcha et lui parla à l'oreille.

Henri répondit quelques mots à voix basse. L'inconnu se perdit aussitôt dans la foule.

La marquise avait cru saisir le nom d'O'Brien, prononcé pour la troisième fois.

— Qui est celui-là ? demanda-t-elle.

— N'avez-vous pas entendu qu'il parlait du général ? répliqua Henri.

— Si fait.

— Le général a beaucoup d'amis, prononça lentement le vicomte : à son âge les vieilles habitudes ne se corrigent plus, le général a la passion des aventures.

— Le général serait-il vraiment mêlé à tout ceci ?

— J'ai pour le général une amitié vraie. J'ai fait ce que j'ai pu pour le détourner...

— Mais vous me rendrez folle! s'écria la marquise.

Puis elle ajouta, dans un élan de sublime curiosité :

— Tenez, vicomte, vous n'aimez pas ma fille !

Henri n'eut garde de prendre l'exclamation au comique. Il donna au contraire, à sa physionomie, une expression de tristesse.

— Ma chère cousine, dit-il d'un accent pénétré, Hélène est ma dernière affection ; j'ai mis en elle tout mon avenir, toutes mes espérances de bonheur...

— Et vous n'avez pas confiance en sa mère !

— Ecoutez-moi.

La marquise rapprocha encore son fauteuil.

Il y avait une chose qu'Henri ne pouvait pas dire, c'était le nom du Français.

Impossible de prononcer un nom en l'air, impossible aussi d'appliquer à un personnage réel ce nom qui était une accusation d'infamie.

Henri prit les deux mains de sa future belle-mère et poursuivit, éludant la question principale :

— Vous m'y avez forcé : ce que je vais vous dire est un secret de vie et de mort : non-seulement celui que vous appelez le Français est ici, mais son adversaire...

— Quoi ! interrompit la marquise, le comte Albert de Rosen !

Henri se leva.

— J'espère, prononça-t-il gravement, que je n'aurai pas à regretter ma confiance.

Il salua et s'éloigna.

La marquise, un instant abasourdie, se retrouva sur des charbons ardents.

Ce n'était plus pour elle le palais de l'ambassade, c'était le théâtre de la Porte-Saint-Martin ; et elle était sur la scène au milieu d'une de ces fêtes de mélodrame où il y a des poignards sous chaque habit et des pistolets dans toutes les poches. Sa tête se montait. Le drame planait dans cette atmosphère rayonnante et parfumée. Sous les masques, elle apercevait des regards sanglants. Mme la marquise vit passer deux ou trois fois le *Bravo*, donnant le bras à la *Vénitienne*.

Venise ! Venise ! Oh ! c'était bien une nuit de Venise : des passions féroces derrière le velours, le pied des danseurs qui allait glisser dans le sang !

Iago devait être là quelque part, et Shylock et

d'autres coquins, tous riverains des lagunes ; la marquise se demandait s'il ne lui faudrait point traverser le pont des Soupirs pour retourner à son hôtel.

L'orchestre excellent continuait paisiblement sa musique, mais en des fêtes pareilles, l'orchestre est si trompeur ! Tous les violons y sont payés !

Le quadrille allait son chemin sage et symétrique. Il ne soupçonnait pas le volcan.

Madame la marquise chercha des yeux sa fille et ne la vit point.

Hélène et Georges Leslie avaient dansé les deux premières figures sans prononcer un mot.

Hélène était si émue, que tout son corps tremblait. Le nom d'Ellen était sur ses lèvres.

Georges essaya de parler au troisième repos ; il ne put.

A la reprise, il chercha son courage et quand Hélène le rejoignit, il demanda :

— Combien avez-vous reçu de lettres de miss Ellen Talbot depuis trois mois ?

— Ellen ne m'a pas écrit depuis un an, répliqua la jeune fille étonnée.

— Autrefois, vous avait-elle parlé du comte de Rosen ?

— Elle m'avait dit : « Je vais être heureuse. »

Georges hésita puis dit à voix basse :

— Ellen avait bien souvent parlé de vous à son fiancé... j'entends à celui qui était son fiancé avant ce malheureux mariage.

Et comme la jeune fille gardait le silence, Georges reprit en baissant la voix encore, et comme s'il eût parlé malgré lui :

— Epousez-vous M. le vicomte Henri de Villiers de votre plein gré ?

Et, comme Hélène demeurait muette devant cette question étrange :

— Vous ne répondez pas, poursuivit Georges Leslie ; quelque chose me dit que Dieu vous a préservé de l'aimer !

Hélène leva sur lui ses grands yeux étonnés.

— Oh ! oui, s'écria Georges avec un élan d'enthousiasme, il y a des âmes qui sont sœurs !...
Si Ellen meurt, c'est vous qui serez la mère de sa fille.

— Ellen ! mourir ! balbutia mademoiselle de Boistrudan.

— Dans sa dernière lettre, elle vous disait...

— Elle m'a donc écrit ?..., vous m'avez déjà parlé de cela.

— Si vous eussiez souffert comme Ellen, consultez votre cœur, mademoiselle, à qui auriez-vous demandé une larme, une prière ?

— A Ellen.

— Merci pour Ellen, car voici déjà que vous lui donnez une larme et vous lui donnerez une prière.

Mademoiselle de Boistrudan avait en effet des pleurs dans les yeux.

La contredanse finissait. Georges se mit en devoir de reconduire Hélène.

— La dernière fois que je la vis, dit-il, poursuivant l'entretien commencé elle était bien faible et si changée ! Vous souvenez-vous comme elle savait sourire ? quelle heureuse et belle jeune fille ! Ce qui complète et couronne votre ressemblance, c'est ce regard si pur que vous avez toutes deux... il me semble voir Ellen quand je vous regarde : Ellen au temps de son bonheur ! car elle n'était plus ainsi quand elle me dit une fois, en parlant de vous. « Hélène et moi nous avions le même cœur, Oh ! pourquoi m'a-t-elle oubliée ? »

— Mais je n'ai jamais passé un jour sans penser à elle ! interrompit Mlle de Boistrudan.

— Elle vous avait demandé de bien loin et du fond de sa torture une consolation qui n'est pas venue. Moi, j'avais deviné la main qui avait élevé l'obstacle entre vous deux.

— Quelle main ? et quel obstacle ?

— Elle me disait encore : « Ce qu'elle aimait, je l'aimais, j'ai donné son nom chéri à ma fille. »

— Sa fille ne se nomme pas Ellen ?

— Si fait, en français : Hélène.

Ils traversaient la foule avec quelque peine. Mlle de Boistrudan dit :

— Je ne vois pas ma mère.

Georges n'entendit peut-être pas. Il continua :

— Elle avait une singulière pensée qui revenait souvent : celui qui m'a fait du mal lui fera du mal, disait-elle...

Hélène s'arrêta.

— Sommes-nous dans notre chemin ? demanda-t-elle.

— Et celui qui m'avait offert sa vie, poursuivit Georges, lui donnera sa vie.

— Je vous en prie, monsieur, dit Hélène, allons retrouver ma mère.

— Ce n'est pas moi qui parle, mademoiselle, c'est celle qui disait, quand sa pensée traversait la mer pour revenir vers vous : « Hélène et moi nous n'avons qu'un cœur. »

Ils franchissaient le seuil d'un salon que Mlle de Boistrudan essayait en vain de reconnaître. A l'entrée de ce salon M. le duc de Rivas était assis auprès de sa femme; la duchesse avait la figure découverte. Elle était si splendidement belle, qu'il y avait autour d'elle un murmure d'admiration.

Le duc la contemplait gravement, fier qu'il était de posséder ce merveilleux trésor.

Le duc était un homme de quarante ans, taciturne, hautain et triste comme un Espagnol.

Quand Georges Leslie passa le seuil, tenant à son bras mademoiselle de Boistrudan, la duchesse fit un mouvement. Le duc se pencha vers elle et dit:

— C'est lui?

La duchesse s'inclina en signe d'affirmation.

Le duc suivit d'un regard le jeune couple qui s'éloignait.

— Vous m'avez dit toute la vérité, madame? reprit-il.

Et comme la duchesse ouvrait la bouche pour répondre, M. de Rivas l'interrompit d'un geste digne et courtois.

— Ce n'est pas une question que je vous fais, dit-il; j'ai confiance en ma femme. Nos pays ne ressemblent point au vieux monde où nous voici maintenant. Il y a plus de hardiesse, parce qu'il y a plus de foi. Vous étiez jeune fille quand vous avez accompli cet acte de générosité, c'est bien. Vous l'avez confessé de vous-même à votre mari, c'est mieux. Votre mari vous remercie et ne met à votre liberté d'autre limite que l'honneur de son nom, qu'il faut garder : le monde ne comprend pas toujours ce qui est grand. Adieu, madame, faites selon votre conscience ; vous ne me trouverez cette nuit sur votre chemin que si vous avez besoin de moi.

Il éleva la main de la duchesse jusqu'à ses lèvres.

Cette main se pressa fortement contre sa bouche, et la duchesse dit en reposant sur lui son loyal regard :

— Vous avez le plus noble des cœurs !

Dès que le duc se fut éloigné, le regard de la belle créole se tourna vers Georges et Hélène. Une larme tremblait au bord de sa paupière.

— Mère de Dieu ? murmura-t-elle, ô sainte Vierge immaculée, sondez mon âme, et si vous y trouvez un sentiment qui ne soit pas pur, prenez ma vie !

Un soupir souleva sa poitrine.

— Vous avez permis, mon Dieu, pensa-t-elle encore, ce dévouement de sœur, que le monde, en effet, ne comprendrait point. Je suis la sœur d'Ellen. J'ai fait le voyage de Baltimore tout exprès pour la voir et je l'ai vue, et j'ai mis mon baiser de sœur à son front. J'ai pleuré sur son malheur. Je suis la sœur de cette autre jeune fille si belle, et je prie pour son bonheur. Sainte Vierge, miroir de pureté, priez pour moi.

Elle appela un beau sourire à ses lèvres pour répondre aux hommes qui l'entouraient.

Hélène et Georges poursuivaient leur route.

— Vous vous trompez, mademoiselle, disait Georges. Albert de Rosen n'a point abandonné miss Talbot, même après ce malheureux mariage. Ellen a choisi volontairement l'époux qui l'a trahie, mais le comte Albert de Rosen a pris pour elle les sentiments d'un ami, d'un tuteur... songez qu'elle n'est plus libre...

— C'est vrai, fit Hélène: elle est abandonnée et reste enchaînée.

Sa pensée toute entière allait vers ce malheur sans remède. La fête l'entourait en quelque sorte à son insu.

— Ne disiez-vous pas, fit-elle, que ce comte Albert est en France?

— Celles qui souffrent leur agonie, dit Georges au lieu de répondre, ont d'étranges pensées. Ellen était superstitieuse pour elle-même... et pour vous.

— Pour moi?

— Elle disait, non pas à moi, mais à M. de Rosen; « Hélène héritera des joies qui étaient dans ma destinée. Elle sera la femme de celui que mon cœur avait d'abord choisi...

Mademoiselle de Boistrudan se redressa en sursaut, comme si elle se fût éveillée d'un songe.

— Où sommes-nous ici? demanda-t-elle. Voici longtemps que nous marchons.

Aussitôt Georges revint sur ses pas, mais il reprit en traversant le bal en sens contraire :

— Celles qui vont mourir ont le don de prophétie. Elle disait encore : Je sais cela, je sens cela, celui qui m'a rendu si misérable essaiera de tromper Hélène…

— Au nom du ciel! monsieur, s'écria la jeune fille qui s'arrêta tout court, expliquez-vous! je ne vous connais pas; vos paroles ressemblent à des menaces.

— Ce sont les paroles d'une mourante, mademoiselle, répondit Georges, et j'accomplis une promesse sacrée en vous les répétant.

— Ellen serait-elle morte? m'auriez-vous caché sa mort!

— Ellen vit, elle attend un père pour sa fille. Dès que, de gré ou de force, son mari parjure aura légalement rendu à l'enfant le nom qu'il lui a volé, la prière qu'Ellen adresse à Dieu chaque jour sera exaucée : Dieu prendra son âme.

Quelques pas les séparaient encore de l'endroit où ils avaient laissé la marquise.

— Un dernier mot, dit Georges; indépendamment

de notre volonté, vous voyez qu'il y a un lien entre nous, mademoiselle, et cependant, peut-être ne vous reverrai-je jamais! Au nom d'Ellen, je vous adjure de me faire une promesse.

— Quelle promesse?

— N'accordez pas votre main au vicomte Henri de Villiers.

— Le mariage est arrêté, objecta la jeune fille, dont le trouble atteignait à son comble, et qui s'étonnait elle-même de répondre à une semblable parole.

— Le mariage est impossible! prononça lentement Georges.

Et sur un mouvement d'Hélène il répéta:

— Impossible!

— Dois-je croire...? commença Hélène.

— Madame la marquise vous appelle. Demain, à neuf heures du matin, je me présenterai, en dépit des coutumes adoptées, chez Mme de Boistrudan, faites que je sois reçu, et je vous dirai de vive voix, devant votre mère, pourquoi Ellen, votre sœur, vous défend d'épouser cet homme. Si je ne venais pas, une personne vous remettrait une lettre contenant l'explication que je vous promets. Tout le monde croit à la dernière parole de ceux qui sont morts : à cause de cela, vous me croirez, mademoiselle.

Il s'inclina profondément, laissant Hélène plus froide qu'un marbre, aux côtés de sa mère. Il y avait en elle une épouvante vague, mais profonde.

La marquise était dans une agitation voisine de la fièvre. Les confidences du vicomte fermentaient au-dedans d'elle.

Comme elle n'avait trouvé personne à qui parler, nous devons constater qu'elle avait été discrète.

— Vous voilà toute défaite, Hélène, dit-elle ; la danse ne vous vaut rien. Ah ! si vous saviez ce que je viens d'apprendre !

Hélène la regardait d'un œil fixe et comme égaré, car le spectre d'Ellen était devant elle.

— Vous sentez-vous indisposée ? reprit la marquise ; la contredanse, à présent, n'est plus qu'un très-sot exercice. De mon temps, il y avait les grâces et les passes qui reposaient beaucoup, mais on gâte tout sous prétexte de progrès. Éventez-vous un peu, Hélène ! Dieu merci, ce ne sera rien.

Elle allongea le cou vivement pour mieux voir un pirate uscoque qui passait, le poing sur la hanche et le poignard à la ceinture.

— C'est peut-être lui ! murmura-t-elle.

Le pirate uscoque la salua majestueusement.

— Eh! non, fit-elle désappointée ; c'est ce pauvre Grécourt! il ne tuera personne, celui-là! Comment vous trouvez-vous, Hélène?

— Mieux, ma mère.

— J'en étais bien sûre. Dites-moi, quel homme est-ce que M. Georges Leslie?

— Quel homme? répéta Hélène machinalement.

La marquise se tourna vers elle, et la regarda plus attentivement.

— Qu'as-tu donc, mignonne, dit-elle avec inquiétude : je ne t'avais jamais vue ainsi!

— Je n'ai rien, ma mère, répondit Hélène.

— Il fait une chaleur! poursuivit la bonne dame. As-tu rencontré la duchesse? Elle est tout simplement éblouissante! Je ne sais pas si son camail de lumière est d'un très-bon goût, mais cela lui va!...

Hélène eut un frisson et chancela sur sa chaise.

— Si tu es souffrante, dit la marquise plus inquiète, veux-tu rentrer?

— Non, répondit Hélène.

— On jurerait que tu as éprouvé quelque émotion. Est-ce que par hasard tu aurais entendu parler de ce qui se passe ici?

Hélène fixa sur sa mère ses yeux soudainement ravivés.

— Que se passe-t-il? demanda-elle.

— Chut! fit la marquise, voici M. de Grécourt qui veut une danseuse.

M. de Grécourt, homme naïf et travesti, sérieux, drapé dans sa frange palicare, demanda la main de mademoiselle de Dolstrudan pour le prochain quadrille, fut refusé et se retira, la main sur le manche d'ivoire de son kangiar. Il y a de ces déguisés qui s'amusent comme des bienheureux et qui n'en ont pas l'air.

— J'ai promis le secret, poursuivit madame la marquise, répondant à la question d'Hélène. Ah! quelle terrible affaire! si quelqu'un avait sujet de se trouver mal cette nuit, mon enfant, c'était moi. Si tu savais ce que m'a dit Henri!...

Hélène détourna la tête à ce nom.

La marquise lui pinça le bras tout doucement.

— Approche, fit-elle, approche encore. On ne peut parler de ces choses-là qu'à l'oreille. Tu sais bien l'histoire d'hier? Ce Français qui a épousé, puis abandonné la pauvre Ellen, et son ennemi, le comte Albert de Rosen?

Hélène devint attentive.

— Ce duel à mort, continuait la marquise, heureuse de l'impression produite, ce pacte de sang, cette chasse à l'homme, ce...

— Eh bien? fit la jeune fille, dont les mains froides saisirent les mains de sa mère.

— Tu es glacée. Eh bien !... garde ton calme... le Français et Rosen sont ici, dans ce bal.

— Est-ce possible, ma mère!

— C'est certain.

— Mais, alors, prononça péniblement Hélène, qui semblait en proie à une angoisse extraordinaire, ils vont se rencontrer pour en venir aux mains.

Elle eut comme un spasme. Un instant sa gorge contractée refusa passage à l'air.

— Oui... oui... fit-elle d'une voix brève ; ils se cherchent. J'aurais dû comprendre...

— Comprendre quoi? demanda la marquise; vous aurait-on parlé de cela?...

— Au fait, fit-elle avec vivacité, tu viens de danser avec M. Georges Leslie, mignonne. Tu dois savoir quelque chose... Peut-être même as-tu vu?...

Hélène appuya ses deux mains sur son cœur.

— Je crois que j'ai vu le comte Albert de Rosen, ma mère, dit-elle d'une voix étouffée.

— Où est-il? peux-tu me le montrer? le reconnaîtrais-tu ?

— Et je crois, poursuivit la jeune fille, que vous avez vu, vous, ma mère, le Français qui a tué notre pauvre Ellen !

La marquise se redressa comme une lionne.

— Parle clairement, s'écria-t-elle, je le veux !

Hélène poussa un grand soupir ; ses lèvres devinrent blanches ; sa tête s'appuya contre l'épaule de la marquise. Elle était évanouie.

XV

L'ÉTOILE POLAIRE

« Ce n'est rien, disait la Fontaine, c'est une femme qui se noie. » Sans pousser si loin le stoïcisme, on peut bien se dire du moins qu'au bal un évanouissement est la moindre des choses.

La chaleur est toujours le motif officiel de ces petites catastrophes. Mais songez combien il y a de comédies, de drames, de tragédies, de vaudevilles et même d'opérettes, qui vont et viennent dans ces splendides cohues !

Certes, ces drames ne se jouent pas d'ordinaire la dague au poing, l'amère grimace à la bouche, comme sur les planches des bas théâtres ; mais qu'importe cela ? le plus terrible des masques tragiques était celui qui avait un sourire.

Et souvenez-vous que dans la légende des Peaux-Rouges, le Pawnie Aganiz fit dorer le couteau qui devait percer un cœur de vice-roi !

Les gravures en taille douce qui ornent les livres du jeune âge ne nous montrent-elles pas toujours le serpent sous les fleurs ?

L'évanouissement de mademoiselle de Boistrudan passa inaperçu. Il faisait si chaud ! Nous n'aurions point jugé à propos d'appuyer sur ce mince événement s'il n'eût attiré, auprès de la marquise et de sa fille, madame la duchesse de Rivas, qui vint remplir avec une grâce charmante son devoir de maîtresse de maison.

Quand Hélène s'éveilla, elle était assise sur une causeuse dans le boudoir de madame la duchesse. Celle-ci venait de lui prodiguer elle-même ces petits soins où la main des femmes est si habile.

— Vous voilà rassurée, madame la marquise, dit-elle, la chère enfant va se remettre.

Le premier regard d'Hélène tomba sur le vicomte Henri de Villiers, elle eut un tressaillement faible et referma les yeux.

— C'est moi, ma cousine, dit Henri, vous fais-je peur?

Il souriait.

La duchesse baisa Hélène au front et répéta avec un enjouement, sous lequel perçait une intention un peu ironique :

— Vous fait-il peur?

Hélène ne répondit pas ; la duchesse glissa un regard vers Henri.

— Venez, que je vous parle, vicomte, dit-elle.

Henri s'approcha ; la duchesse lui prit le bras et fit quelques pas avec lui.

— L'homme que vous attendez ne peut tarder, dit-elle à voix basse.

Et comme le bras d'Henri frémissait sous le sien.

— Si tout n'est pas fini cette nuit, ajouta-t-elle, je vous préviens que vous êtes perdu.

Ils étaient auprès de la porte. Elle la referma sur le vicomte abasourdi.

Puis elle revint, légère et toute gaie, s'asseoir auprès d'Hélène.

— Nous voilà bonnes amies désormais, mademoiselle de Boistrudan et moi, madame, dit-elle à la marquise ; j'ai déjà un secret à lui confier. Ne nous écoutez pas.

Elle se pencha, toujours souriant, à l'oreille d'Hélène et murmura :

— Ne craignez rien : il a des amis.

Hélène releva sur elle un regard timide et inquiet.

— Je ne parle pas du vicomte Henri, reprit la duchesse. Espérance et courage ! Vous êtes bons tous les deux, vous méritez d'être heureux, vous le serez. Quand l'Océan sera entre vous et moi, souvenez-vous !

Elle baisa de nouveau Hélène, qui restait muette, et se tourna vers la marquise :

— J'irai demain savoir des nouvelles de mademoiselle de Boistrudan, dit-elle ; excusez si je vous laisse.

La porte s'ouvrait à ce moment, et mademoiselle Suzanne, la chambrière, se montra ; elle venait chercher sa maîtresse.

— Que t'a-t-elle dit ? demanda la marquise à Hélène ? C'est une délicieuse femme !

— Ce qu'elle m'a dit ? répéta la jeune fille, le sais-je ? Il y a comme un brouillard autour de ma pensée. Pendant qu'elle me parlait, ma mère, il me semblait entendre la voix de quelque bon ange...

— C'est cela ! fit la marquise, les jeunes filles donnent à tout une tournure romanesque. Quelle taille! quels yeux! Je ne vis jamais une plus jolie oreille... as-tu remarqué?

— C'est le page, disait pendant cela mademoiselle Suzanne à la duchesse.

Les deux cameristes appelaient ainsi le petit Jean, groom de M. de Villiers.

Madame la duchesse se rendit aussitôt à son appartement, où elle s'enferma avec l'enfant.

Au bout de quelques minutes, elle sonna ses femmes de chambre et commença une nouvelle toilette.

— A la bonne heure! se dirent madame Dalmas et mademoiselle Suzanne. Elle ne veut pas être reconnue!

Madame la duchesse de Rivas demanda en effet un masque et un domino.

Il était deux heures du matin! le diapason du plaisir avait monté. On intriguait.

L'antique et solennelle *intrigue* du bal masqué, dont parlent encore les oncles de province, est morte comme le « premier coup d'archet de l'opéra » les vélocipèdes et l'exposition. Tout passe, même les platitudes. Je ne dis pas cela pour l'exposition...

L'intrigue avait de l'esprit, elle amusait les simples, elle venait à vous et vous disait : «Bonsoir, beau masque, je te connais, tu es de Brives-la-gaillarde, tu as un faux toupet, un râtelier osanore, ou des mollets de filoselle.

« Tu as ramassé tes millions dans l'égout!

« Je t'ai connu tout petit, beau masque, et très-crotté!

« Tu as bien fait d'acheter tes échasses! »

Et autres étincelles de la même force.

En vérité, l'*intrigue* ainsi faite n'entre pas au salon. Elle n'a pas la toilette voulue pour briller du bon côté de la porte.

Dans les divers grands, moyens et petits « mondes élégants » qui composent ce qu'on appelle LE MONDE, on se mord, cela réveille, mais on ne se mord pas à la façon des boule-dogues que les gens séparent à coups de bâton.

Chez madame la duchesse de Rivas, c'était du très-grand monde, mais très-mêlé, parce que les ambassades sont sans défense, presque autant que les ministères, contre la terrible invasion des intrus officiels. Dès que l'élément officiel entre quelque part, vous n'y êtes plus sûr de rien. Le faubourg Saint-Germain n'en était pas absent, mais on voyait bien qu'il se groupait pour n'être pas débordé par le Paris des journaux de mode.

On s'amusait un peu comme en pays neutre.

Il y avait là, par gerbes, de ces gentilles saynettes, dont le prologue est un sourire et le dénouement une larme.

Il y avait là une douzaine de ces petits romans sérieux où les dots se balancent entre une polka et une schottisch : les fiancés, un pied en l'air au milieu du salon ; les parents, assis à la galerie ; cent mille écus pour la demoiselle et des *espérances ;* pour le jeune homme, cinq actions de la Compagnie générale (incendie), la terre en Brie, et pareillement des *espérances.*

La langue a de ces euphémismes : espérances, exprime l'idée de grands-parents morts. Nous ne prétendons pas avoir découvert le côté comique des pompes funèbres.

Il y avait encore des négociations, des affaires, des imbroglios où nous n'eussions vu, vous et moi, que du feu : il y avait des batailles de dames sourdement acharnées, des assauts livrés à des croix, à des tours de faveur au ministère des affaires étrangères ou à l'académie, ou au Théâtre-Français : tout cela se conquiert ; il y avait des réputations qui naissaient, des Compagnies anonymes qui se fondaient sans faire semblant de rien, et enfin, ce que nous proclamons respectable, il y avait de la jeunesse qui dansait pour danser.

Tous ces romans, toutes ces comédies, toutes ces affaires, tout ce plaisir, oubliaient un peu la sombre idée de drame qui avait plané un instant dans l'air au début de la fête.

Le rideau avait trop tardé à se lever ; on avait fini par chercher le spectacle ailleurs.

En somme, M. le vicomte Henri de Villiers se comportait comme tout le monde ; quand on lui parlait de la catastrophe possible, il souriait.

Quant à Georges Leslie, il avait dansé ! Que croire ?

L'idée d'une mystification commençait à se faire jour.

En résumé, ces deux hommes à la carabine, partis des forêts vierges de l'Amérique de l'Ouest pour terminer leur différend à Paris, n'étaient pas aux ordres de l'assemblée. A mesure que la nuit avançait les masques devenaient de plus en plus transparents. On se connaissait et l'on se comptait. Où étaient les Héros du mélodrame ?

On se résignait peu à peu à se coucher, non point sans souper, mais sans tragédie.

Quelques minutes après deux heures sonnées, le vicomte Henri de Villiers et Georges Leslie se rencontrèrent.

Georges prévint la question du vicomte et dit :

— Il n'est pas encore arrivé.

Ce fut tout. Ils passèrent.

Le vicomte entra dans une salle de jeu.

Georges gagna la terrasse fleurie sur laquelle s'ouvrait le dernier salon.

La terrasse régnait le long de l'aile en retour qui rejoignait la rue, à gauche de la porte-cochère, et son prolongement venait former balcon au-dessus du trottoir.

Georges s'accouda contre la balustrade de fer. Le temps était humide et chaud. Un dégel subit avait changé en boue le tapis grisâtre qui couvrait les rues la nuit précédente. Il avait plu toute la soirée; maintenant, les étoiles brillaient d'un éclat extraordinaire au firmament balayé par le vent du sud.

On entendait au loin ce bruit clapotant des toits qui ruissellent.

Le cœur a de chères puérilités. Quel fiancé n'a choisi, à l'heure du départ, une étoile dans le ciel pour la montrer à la fiancée qui reste au pays et pour lui dire : « A cette heure, regardez-la, je la regarderai ; je penserai à vous, pensez à moi. »

Ce sont des enfantillages charmants et qui consolent.

Une fois, à l'instant des adieux, — l'absence devait être longue, — Georges Leslie et celle qu'il aimait avaient promis tous deux de regarder l'étoile polaire à dix heures de nuit et d'échanger ainsi leur souvenir à travers l'immense largeur du continent américain.

Que de choses s'étaient passées depuis lors ! que de dangers évités ! que de batailles gagnées ! que de larmes, hélas ! et quelle chute profonde !

Du haut de la terrasse de l'hôtel de Rivas, Georges Leslie regarda l'étoile. Une larme roula sur sa joue et son cœur se serra douloureusement.

— Ellen ! murmura-t-il, Carmencita !

L'étoile lui disait ces deux noms : le nom de la fiancée qu'il avait perdue et le nom de la sœur que Dieu avait envoyée à son aide aux jours du suprême malheur.

Et voici pourquoi ces deux noms étaient unis dans la mémoire de son cœur : une fois, la dixième heure avait sonné et les yeux de Georges s'étaient levés en vain vers le ciel, un voile tombait entre le ciel et lui ; entre son cœur et le cœur d'Ellen, il y avait les ténèbres impénétrables. Cette voix lointaine qui lui parlait chaque soir de l'absente se taisait désormais : Georges Leslie était aveugle.

Il dit à Carmen, quand Carmen fut sa sœur, un soir que la brise fraîche des savanes montait au sommet de la tour, à San-Felipe de Sonora :

— Le ciel est il pur? voyez-vous l'étoile du nord du côté du Rio-Gila?

Et comme Carmen répondit : « Je la vois », dix heures sonnèrent. Georges, pour la première fois depuis bien longtemps, crut entendre la voix d'Ellen...

Et à dater de ce moment, ce fut Carmencita qui regarda l'étoile.

Ainsi la vue de l'étoile polaire mettait deux noms sur les lèvres de Georges, parce qu'elle éveillait deux souvenirs également purs dans son âme.

Ellen ! Carmencita !

Sous le balcon de la terrasse, une longue file d'équipages s'alignait au bord du trottoir. La plupart des cochers dormaient sur leurs siéges.

De l'autre côté de la rue un marchand de vin restait ouvert.

Georges fut arraché aux pensées du ciel pour retomber sur notre terre par quelques mots prononcés tout bas au-dessous de lui, dans la rue. Il regarda.

Il vit un landau, d'apparence très-simple, dont le cocher portait une livrée marron foncé. Le valet de pied était debout auprès de la portière. C'était lui qui avait parlé, et il ne semblait point parler au cocher.

— C'est donc amusant, disait-il dans un patois que Georges devinait plutôt qu'il ne comprenait, c'est donc amusant de rester là les pieds dans la boue ! Vous êtes bien, vous autres, assis sur de bons coussins, pendant que je *trime*.

— Prête du feu que j'en allume une, répondit-on de l'intérieur.

Une tête encapuchonnée de soie sortit de la voiture ; le valet de pied présenta sa pipe allumée et donna du feu.

Le moindre tort de l'argot, c'est que tout le monde en saisit facilement le sens. Si les malfaiteurs n'avaient pas d'autres rubriques, la *Gazette des Tribunaux* ferait assurément banqueroute. C'est une bravade.

Un agent de police lettré a dit dans ses mémoires que l'argot était aux chevaliers du bagne ce que la sonnette est au serpent crotale.

Georges se souvint tout à coup des lettres mystérieuses et menaçantes qu'il avait reçues.

Ce maître, qui allumait sa pipe à celle de son valet de pied, négligeait assurément les règles les plus élémentaires de la prudence ; mais tous les cochers dormaient à l'entour, aucun gardien de Paris ne passait ; et comment songer à ce balcon, par un temps pareil?

Georges tira sa montre qui marquait deux heures et demie.

— O'Brien ne vient pas, murmura-t-il.

— O'Brien ne viendra pas, dit une voix de femme à son oreille.

Georges Leslie ne se retourna pas et resta comme un homme qui croit rêver.

— Comte de Rosen, reprit la voix dont l'accent s'imprégnait de mélancolie, votre pensée était bien loin de moi, n'est-ce-pas?

Georges ne se retourna pas encore; mais involontairement, ses deux mains se posèrent contre son cœur.

— Carmencita, murmura-t-il ; suis-je donc le jouet d'un songe?

— Ah! fit la voix, qui trembla légèrement, vous m'avez du moins reconnue!

— Carmen! Carmen! s'écria Georges, ma pensée n'était pas loin de vous ; je songeais à vous, parce que mon souvenir évoquait celle dont nous parlions si souvent tous deux... je suis là, n'osant me retourner, de peur que mon illusion s'évanouisse. J'ai revu Ellen, et ce n'était plus Ellen. J'ai tenu tout à l'heure dans mes mains une main pure, et c'était encore Ellen. Je sentais vivre, je ne dis pas renaître, mon espoir d'autrefois, rajeuni et renouvelé comme si rien n'était mort en moi... Il y a un grand trouble dans ma pensée. Le jour qui va commencer sera peut-être mon dernier jour, Carmen, ma bienfaitrice et ma sœur. Est-ce bien vous qui êtes là? où trouverais-je, si loin des lieux où vous fûtes ma providence, votre image vivante, comme j'ai trouvé la vivante image d'Ellen?

Il s'était retourné à demi, mais ses yeux étaient baissés. Par la fenêtre ouverte sur la terrasse les sons lointains de l'orchestre arrivaient comme une harmonie voilée.

La voix ne parlait plus.

Georges releva son regard lentement.

— Vous m'avez appelé comte de Rosen, murmura-t-il; que puis-je reconnaître en vous, moi, qui étais aveugle, sinon votre voix et votre cœur? Je ne vous dis pas: Montrez-vous à moi, Carmencita; mais au nom de Dieu! parlez-moi!

L'inconnue lui tendit sa main

Georges dit:

— C'est vous! ah! c'est vous!

— C'est moi, dit Carmen à son tour.

En même temps elle dénoua son voile et laissa tomber son masque.

C'était bien ainsi qu'Albert de Rosen s'était figuré

Carmen : un front de reine et les traits d'une madone, belle comme le rêve des peintres d'Italie.

Et pourtant le comte Albert fut ébloui. Il recula d'un pas et joignit ses mains.

— La duchesse de Rivas ! balbutia-t-il. Carmen !

— Comte, dit-elle, mon mari sait que je suis avec vous.

A son tour, Albert garda le silence.

— Comte, dit encore Carmen, il faut que la fille d'Ellen ait une mère et qu'Hélène soit heureuse.

Leurs regards se levèrent en même temps vers le ciel parsemé de diamants. Un nuage cachait l'étoile du nord.

Ils dirent ensemble

— Pauvre Ellen !

— Je l'ai vue, reprit Carmencita ; j'ai voulu la voir. C'est un grand deuil, la mère mourra dès que sa fille aura rendu le dernier soupir.

— Vous l'avez interrogée, dit Albert de Rosen ; répondez-moi : si M. de Villiers revenait à Ellen ?...

— Ellen vivrait, interrompit Carmen.

. . . .

XVI

LES DEUX BERLINES

Albert de Rosen et madame la duchesse de Rivas étaient seuls dans cette pièce retirée où madame Dalmas et mademoiselle Suzanne avaient introduit par trois fois, aujourd'hui, le petit Jean, groom du vicomte Henri de Villiers.

Ils poursuivaient la conversation commencée, et Albert de Rosen disait :

— Par quel moyen Towah m'a rendu la vue, je ne saurais l'expliquer. A l'usage de certaines plantes, il joignait des pratiques bizarres qui m'ôtaient toute confiance. Vingt fois j'ai été sur le point d'interrompre le traitement en l'entendant chanter et danser autour de moi ; en sentant le vent de sa main étendue qui faisait des passes au-dessus de mon front, Dieu a permis que j'aie été jusqu'au bout. Un mois environ après cette nuit où le vicomte de Villiers esquiva ma vengeance, Towah me dit un soir :

— Maître, ceci est le dernier appareil ; j'ai fait comme mon père, qui faisait comme ses aïeux. Demain vous aurez le front libre, et vos yeux verront la piste de votre ennemi.

Car, pour ces pauvres gens que le paganisme a repris, depuis l'invasion de la maladie d'or et de la « foi américaine, » la vengeance est tout. Voir la piste de l'ennemi est une joie supérieure au bonheur même de revoir le soleil !

Je ne croyais pas et pourtant ce fut une nuit de fiévreuse espérance, combattue par ma raison qui criait sans cesse :

— Tu es fou ! tu es fou !

J'entendais Towah qui chantait dans la chambre voisine, et je me disais : Pourquoi ai-je placé une lueur d'espoir sur la superstitieuse folie de cet homme ?

Le lendemain, l'appareil tomba : le bandeau de

feuilles qui entourait mon front et descendait jusqu'à mes lèvres se déchira.

Je poussai un grand cri, tandis que Towah gambadait autour de moi comme un furieux.

Je voyais !

Je m'approchai d'une glace ; aucune cicatrice ne restait sur mon visage [1].

Je m'agenouillai pour remercier Dieu, qui seul fait des miracles.

Towah m'apporta ma carabine et me dit : « Traversons la mer ; mes pieds nus ont froid. »

Dieu sait qu'à ce moment les pensées de haine étaient bien loin de moi !

Nous partîmes.

Faut-il vous dire, Carmen, ce que j'éprouvai en revoyant Ellen ? Je l'avais laissée pleine de jeunesse et de vie, je revoyais un fantôme.

Ce fut elle qui me parla d'Hélène. Elle était poursuivie par une terreur étrange. Celles qui souffrent jusqu'à mourir voient autrement et plus loin que les heureuses. Pour elle, son bourreau devait tenter un

[1] Makensie cite ce fait, qu'il n'y a pas un seul aveugle entre le Mississipi et les montagnes. Il parle d'un Pawny-Loup qui guérit les yeux de mistress Campbell, nièce du président Webster. Cet homme, dit Makensie, possédait un secret héréditaire.

second meurtre. C'était comme un pressentiment, inspiré par le ciel même. Je fus bien des jours avant d'y croire. Les événements ont parlé. En ce temps, le vicomte ne songeait certes point à Mlle de Boistrudan. Pourquoi Ellen mourante me disait-elle sans cesse :

— Je vous en prie, je vous en prie, je vous en prie; avertissez Hélène ! qu'il ne soit jamais son mari !

Une fois, je lui demandai :

— Voulez-vous que je parte?

— Oui, me répondit-elle.

Elle prit ma main entre ses pauvres mains pâles et froides, et murmura :

— Albert, je ne suis pas coupable devant Dieu, mais vous, pardonnez-moi !

Puis ses larmes coulèrent et elle acheva :

— Vous allez vous trouver face à face avec Henri : Jurez-moi, ceci est ma sublime prière — jurez-moi que vous ne lui ôterez pas la vie !

— Tant qu'il pourra réparer sa faute envers vous, répondis-je, je le jure !

Son regard me remercia, puis elle reprit après un silence :

— Sachez encore ceci, car rien ne manque à ma

tristesse : J'ai écrit à Hélène, plusieurs fois : Hélène ne m'a pas répondu.

J'ai su depuis que le valet deconfiance de Boistrudan avait été acheté par le vicomte.

Auprès d'Ellen, dans un berceau blanc, était un petit ange aux yeux bleus.

Je partis le lendemain avec Towah.

Il y a trois mois que j'ai quitté l'Amérique ; il y a trois jours que je suis en France.

J'ai revu mon beau pays de Hongrie dans l'intervalle. Les temps ont changé. M. de Metternich n'est plus à Vienne. Le jeune empereur m'a rendu mes titres et mes biens...

— Et vous êtes venu en France tout exprès pour vous rencontrer avec Henri de Villiers? interrompit la duchesse, qui avait écouté avec une extrême attention.

— Je suis venu en France, répondit le comte Albert, pour voir celle qui ressemble à Ellen.

— Et vous l'avez vue?

— Ellen avait raison : je l'ai vue et je me dévouerai pour elle.

Il y eut un silence, pendant lequel la duchesse de Rivas resta pensive.

— Moi, dit-elle, je quittai San Felipe le lendemain de votre départ. Nous avons des parents dans le Sud. La sœur de ma mère me donna l'hospitalité à Durango. Le marquis de Concha était dans la ville, où il se reposait de ses courses dans la Sonora. Il apprit la mort du duc de Rivas, son père; depuis longtemps, il m'avait demandée en mariage. Jusqu'alors, j'avais hésité. Nous étions unis trois semaines après, et nous partions pour Rio de Janeiro, où l'empereur offrit au nouveau duc l'ambassade de France.

— Etes-vous heureuse, Carmen, demanda Rosen.

— Oui, répondit-elle : mon mari est un généreux cœur.

Puis, jetant un coup d'œil à la pendule :

— Le temps passe, reprit-elle ; Rosario était hier chez la marquise ; je vous ai deviné au récit qu'elle m'a fait. Depuis hier je veille sur vous et sur le général O'Brien, menacé comme vous, à cause de vous. Le général est déjà mon prisonnier et galope à l'heure qu'il est sur la route d'Allemagne...

— Vous savez, reprit-elle en souriant, nous autres Espagnols, nous sommes pour les grands moyens. Le général devait vous tenir deux berlines toutes prêtes, avenue Gabriel ; les berlines y sont : qu'en voulez-vous faire ?

— M'en servir pour éviter les assassins apostés au-devant de votre hôtel.

— Ah! fit Carmen, vous avez donc reçu mes lettres? Alors pourquoi êtes-vous venu?

— Parce que toute cette histoire doit avoir son dénouement à la pointe du jour qui va naître. Je le veux!

— Soit. Vous aviez besoin du secrétaire de monsieur le duc?

— Seulement pour gagner les Champs-Élysées.

— Et quel était le rôle d'O'Brien?

— Il devait m'apporter un costume de rechange...

On frappa doucement à la porte du boudoir.

— M. Jean! annonça Suzanne à travers la serrure, d'un ton d'ironie.

— Qu'il entre, ordonna la duchesse.

Jean venait dire que le fameux landau qui stationnait tout à l'heure sous le balcon était parti avec les deux dominos, le cocher de contre-bande et le valet de pied apocryphe.

— Tiens, petit Jean, s'écria la duchesse, veux-tu être l'intendant d'un grand seigneur?

Puis, sans attendre sa réponse :

— Comte, reprit-elle, celui-ci n'est pas un domestique : vous l'emmènerez en Hongrie pour l'amour de votre sœur.

— Enfant, tu ne me quitteras jamais, dit Rosen. Sois prêt à partir ce soir.

— Quitter ma mère! murmura Jean, qui avait les larmes aux yeux.

— En Hongrie, les maisons sont grandes; nous emmènerons ta mère.

— Mes frères, mes sœurs...

— Tes frères aussi et tes sœurs, quelqu'en soit le nombre, et, sur mon honneur, vous serez une heureuse famille!

— Va, petit Jean, conclut la duchesse, et fais comme on te dit.

Avant de s'éloigner, l'enfant ajouta :

— C'était l'homme de Montmartre qui était sur le siége du landau : le cocher s'était installé dedans avec le valet de pied et les deux dominos.

Carmen et Albert, restés seuls, eurent tous les deux la même pensée. Ce landau, évidemment, était une machine de guerre.

Quelle manœuvre nouvelle se cachait derrière le départ du landau?

Pourquoi éloigner cette machine de guerre au moment même où l'assaut allait se livrer?

— J'ai promis à M. de Villiers, dit Albert, de lui montrer ici même le comte Albert de Rosen. Je veux tenir ma parole; mais comme je sais le comte capable de tout, je veux user de mon avantage et me garer au moins du fer de ses assassins. Il ne me verra que sur le terrain.

— Vous battre contre cet homme, vous! s'écria Carmen.

— Le forcer à réparer sa faute!

— Mais vous avez promis de ne pas le tuer...

— Ce que j'ai promis, je le tiendrai strictement, rien de plus, rien de moins. La présence du général O'Brien m'était utile pour remplir l'engagement que j'ai pris de montrer Rosen au vicomte; le secrétaire de M. le duc me faisait sortir d'ici sans risque d'être assassiné au passage : c'est vous-même qui m'avez suggéré ces précautions par vos lettres.

Le vicomte et son ancien valet Mohican, qui est sur le siége du landau, ont acheté des aides dans un cabaret mal famé de Montmartre.

Ils ont condamné quatre hommes : Towah, le comte Albert, Georges Leslie et O'Brien. Tant qu'on craindra Rosen, on n'attaquera pas Georges Leslie, puisque c'est Georges Leslie qui doit désigner Rosen.

— Comment savez-vous tout cela? demanda Carmen.

— Par moi-même et par Towah

Elle réfléchit un instant, puis ajouta :

— Que fait Towah cette nuit?

— Towah travaille pour son compte, répondit Albert; hier soir, il a graissé le cuir de ses mocassins, qui séchait depuis plus d'une année, par suite de son vœu.

— Albert, écoutez-moi, reprit la duchesse; il y a folie et crime à risquer votre vie contre un pareil scélérat.

— Ma croyance, répliqua Rosen, est que je ne risque pas ma vie. Si cet homme ne m'assassine pas, il ne peut rien contre moi, et vous voyez que je fais mon possible pour me précautionner contre l'assassinat.

— Si vous vouliez, la justice vous ferait raison.

— Que peut la justice pour Ellen Talbot? demanda Rosen.

— D'ailleurs, reprit-il en laissant naître un sourire autour de ses lèvres, nous autres Magyares nous avons la prétention d'être les derniers chevaliers. Mon père disait en montrant son sabre : Laissons sommeiller les juges! Si le vicomte Henri de Villiers se refuse à donner réparation à Ellen, son sang est à moi deux fois.

La duchesse de Rivas le regarda en face.

— Votre détermination est prise irrévocablement? prononça-t-elle avec gravité.

— Irrévocablement, répondit Rosen.

— Apprenez-moi donc ce qu'il faut que je fasse pour vous servir comme vous voulez être servi ; tout ce que vous exigerez sera accompli.

Un bruit étrange venait de se répandre dans le bal.

Une des voitures stationnant devant l'ambassade, — un landau, — avait quitté son rang de file vers la fin de l'averse qui était tombée entre deux et trois heures du matin.

Le cocher de l'équipage qui suivait dormait sous son parapluie et n'avait pas serré le rang.

Après l'ondée, les cochers sortant du cabaret et revenant à leurs siéges avaient trouvé à la place vide une large mare de sang.

L'idée d'un crime était assurément invraisemblable en un lieu pareil.

Mais notez qu'à Paris, on ne commet pas de crime vraisemblable.

Tout le monde s'émut dans les salons de madame la duchesse. Ces vagues inquiétudes qui étaient dans l'air au commencement de la fête revinrent. Était-ce le drame attendu qui s'était joué sous les fenêtres de l'hôtel ?

Madame la marquise de Boistrudan croyait pouvoir l'affirmer. Son petit doigt le lui disait.

Elle était dans un état d'agitation extrême

Depuis son entrée, elle n'avait cessé d'avoir l'œil au guet, et pourtant elle n'avait encore vu personne qui réalisât l'idée qu'elle s'était faite du Français et du comte Albert de Rosen.

Ces deux ennemis acharnés avaient dû s'entre-exterminer : cela ne faisait pas de doute pour Mme la marquise.

Mais pourquoi sous les fenêtres mêmes de l'hôtel? dans un landau? entre deux équipages? Mon Dieu! toute cette histoire avait des allures excentriques, bizarres, impossibles. Le dénoûment, pour couronner logiquement l'aventure, devait être absurde!

Dans le second salon, autre version : le général O'Brien avait disparu, ainsi que ce personnage inconnu, amené par le vicomte Henri avec M. Georges Leslie...

Quelqu'un qui était sorti pour prendre les renseignements revint et dit que nul ne connaissait la livrée du landau fugitif; que deux dominos étaient restés constamment à l'intérieur pendant que le cocher et le valet de pied causaient à voix basse, et que personne, enfin, n'avait vu s'éloigner ce mystérieux landau.

Il y avait cependant çà et là des gens qui avaient bien le cœur de prétendre qu'on avait peut-être saigné un cheval malade, et qu'après l'opération on l'avait ramené à l'écurie.

Partout vous trouverez de ces sceptiques passant leur vie à traduire en incidents vulgaires les plus curieuses péripéties.

Mme la marquise détestait ces prosateurs, elle que sa vocation portait, au contraire, à nuancer toutes choses des couleurs les plus agréablement romanesques.

Depuis le premier quadrille, Hélène n'avait pas dansé.

Elle avait refusé par deux fois son fiancé, le vicomte Henri. La marquise était mécontente d'elle.

La marquise appartenait à cette catégorie de bonnes dames qui n'aiment plus le monde que pour leurs enfants ; qui ne mettraient jamais le pied au bal s'il ne s'agissait de leurs filles, mais qui se fâchent quand leurs filles, malades ou fatiguées, demandent à se retirer « avant la fin. »

Elle se coiffait volontiers en turban. Nous n'en disons pas davantage.

Heureusement qu'Hélène avait remis son domino ; sans cela elle eût fait pitié à chacun. Il semblait qu'il n'y eût plus une goutte de sang dans ses veines. Elle restait immobile et muette. Quand sa mère lui parlait, elle paraissait ne point comprendre.

Parfois un tressaillement court agitait tout son corps; d'autres fois, elle appuyait sa main glacée contre sa poitrine, comme si elle eût cherché son souffle qui fuyait.

Son regard seul vivait.

Son regard parcourait la foule avidement et toujours.

— C'était en vain : celui qu'elle cherchait ne se montrait point.

Les derniers mots de Georges Leslie sonnaient à son oreille comme une menace funèbre. Il avait dit :

— ... Si je ne venais pas... on croit à la parole de ceux qui sont morts ; à cause de cela, vous me croirez, mademoiselle.

Le vicomte Henri de Villiers s'était retiré dans un salon de jeu ; lui aussi attendait impatiemment. Pour tromper sa fièvre, il venait de s'asseoir devant un tapis vert lorsqu'une main se posa sur son épaule.

Il se retourna. Georges Leslie était derrière lui

— Enfin ! s'écria le vicomte.

— Terminez votre partie, monsieur, lui dit Georges, vous avez le temps.

Comme Henri l'interrogeait du regard, il se pencha à son oreille.

— Rosen est arrivé, murmura-t-il

— Vous allez me le montrer ?

— Je vais du moins, selon nos conventions, vous mettre en mesure de le reconnaître. Il ne faut pas qu'il nous voie ensemble.

— C'est juste, dit le vicomte.

Et se tournant vers son partenaire en reposant les cartes.

— Vous permettez, baron ?... une seconde.

— Faites, faites, lui fut-il répondu.

Henri se leva et suivit Georges à quelques pas. Georges lui dit :

— Le comte Albert est maintenant auprès de madame la duchesse de Rivas, dans le boudoir qui donne sur la terrasse. Dépêchez-vous de perdre cette partie-là pour gagner l'autre, et venez tout de suite au boudoir. La personne que vous verrez causer avec la duchesse est Rosen.

— Merci, répliqua le vicomte, quand j'aurai vu Rosen, les cinquante mille écus seront à vous.

Georges se retira en disant :

— Je vous les réclamerai demain.

Henri se rassit à la table de jeu.

Sa main tremblait légèrement en reprenant ses cartes.

Il fit fautes sur fautes, perdit, paya et quitta la partie.

Henri perça la foule pour gagner le boudoir qui donnait sur la terrasse.

Au moment où il entrait, son regard en fit vivement le tour.

La duchesse n'y était pas.

M. le duc de Rivas causait près de la cheminée avec de hauts personnages.

Henri crut qu'on l'avait trompé; mais à cet instant même la porte des appartements intérieurs s'ouvrit, et madame la duchesse se montra accompagnée d'un personnage masqué dont la taille se cachait sous un domino.

Henri le dévorait des yeux.

Le domino semblait marcher avec peine.

La duchesse et lui s'assirent sur un sofa entre les deux fenêtres.

Dans le mouvement que l'inconnu fit pour s'asseoir, son domino s'ouvrit et laissa voir le costume hongrois.

— C'est bien lui! se dit le vicomte.

— Reposez-vous, comte, prononça tout haut la duchesse; ôtez ce masque, qui vous empêche de respirer.

Le masque tomba. Henri fut obligé de s'asseoir. Son cœur battait : c'était de joie.

Le masque, en tombant, avait découvert un visage pâle, ou plutôt un menton ; car le front, les yeux, le nez disparaissaient sous un bandeau de soie noire. Le bandeau avait deux verres teintés qui servaient de lunettes.

Henri n'avait pas espéré trouver son ennemi si bas.

C'était donc là ce terrible adversaire, ce héros de roman, ce fier magyare qui avait rempli de son nom, là-bas, dans l'Ouest-Amérique, la plaine et la montagne, le mayor des Golden-daggers !

Un malade à la démarche tremblante, non pas même un fantôme, car ce mot indique poésie, et toute poésie s'enfuit devant le bandeau noir et le garde-vue doublé de vert !

Henri eut presque honte d'avoir songé au meurtre. On pouvait avoir du courage contre ce débris humain !...

Comme il réfléchissait ainsi, la main de Rosen s'agita, et il entendit une voix sourde qui disait en s'adressant à lui :

— Je vous vois !

Il se releva. La duchesse en fit autant.

Rosen baisa la main de la duchesse, qui lui dit tout haut :

— Au revoir, comte, je vous laisse à vos affaires.

Et tout bas :

— Adieu, mon frère, je ne vous verrai plus !

En s'éloignant, elle salua le vicomte Henri et lui montra sa place vide à côté de Rosen.

Henri s'y assit.

— Monsieur, dit-il, j'ai quitté l'Amérique parce que vous étiez aveugle, je ne me bats pas avec ceux qui ne peuvent point se défendre.

Rosen s'inclina.

— Vous étiez brave autrefois, monsieur, répondit-il, je le sais.

— Trêve d'injures... commença Henri.

— Pourriez-vous m'apprendre, interrompit Rosen, à qui était le sang qu'on a trouvé sous le landau ?

— Quel landeau ? et que m'importe cela ?

— Monsieur, prononça lentement le comte Albert, je vous l'ai dit : vous étiez brave autrefois.

— J'espère vous prouver, monsieur, que je le suis encore aujourd'hui.

Rosen sourit tandis qu'un soupir soulevait sa poitrine.

— Contre certaines gens, dit-il, le courage est facile, mais je vous préviens que je vaux un peu mieux que mon apparence. On commence à nous observer, monsieur, ayez l'obligeance de me donner votre bras, nous allons descendre au jardin.

Henri ne fit aucune objection.

En route, le comte Albert reprit :

— C'est cher, cinquante mille écus. Je me serais montré à vous gratis.

— Je suis riche, répartit Henri, dont l'accent devint provoquant, je fais mes affaires comme je l'entends.

Ils arrivaient au jardin et s'engageaient sous une grande allée de tilleuls conduisant à l'avenue Gabriel.

— Monsieur de Villiers, dit Rosen, nous voilà seuls. Je n'ai point de haine dans le cœur. L'or que vous m'avez volé, je ne le regrette point ; avouez votre mariage. Donnez un nom à la fille d'Ellen Talbot, et tout vous sera pardonné.

— J'aime ma cousine, mademoiselle de Boistrudan, répondit Henri ; ne parlons plus de ces fables, s'il vous plaît, monsieur le comte, et prenons nos mesures pour terminer le différend qui existe entre nous. Nos conventions tiennent-elles ?

— Vous les aviez rompues par votre fuite, mais je les rétablis, elles tiennent.

— Le duel aura lieu sans témoins ?

— Assurément. On n'a pas de témoins au désert.

— Avec les armes américaines ?

— Fixez les armes.

M. de Villiers réfléchit un instant.

— La carabine, dit-il, le couteau en cas d'approche, main à main.

— J'ai tout cela dans mes voitures, fit Rosen.

Au moment où ils tournaient au bout de l'allée pour revenir sur leurs pas, M. de Villiers remarqua deux berlines qui stationnaient sur la chaussée de l'avenue Gabriel, juste en face de la grille.

— Vos voitures ? répéta-t-il avec défiance.

— Nous nous battrons en plein champ, poursuivit Rosen, au lieu que vous désignerez vous-même ; moi, je ne connais pas les environs de Paris. Faites votre choix. Le cocher, soit l'un, soit l'autre, a ordre de vous obéir.

— Vous plaît-il aller loin ? demanda Henri.

— J'ai rendez-vous ici dans la matinée. Faites que ce soit le plus près possible.

— A trois lieues d'ici, dit M. de Villiers, entre le village de la Courneuve et la route de Flandres, il est une plaine découverte composée de grandes cultures, sans maisons ni loges de gardes. Au point du jour, en cette saison, c'est un désert.

— Va pour la plaine de la Courneuve! il est cinq heures et demie: nous arriverons au point du jour.

Ils s'arrêtèrent d'un commun mouvement ; ils étaient pour la seconde fois devant la grille.

Rosen tira une clef de son sein et ouvrit.

— Partons, dit-il.

Henri dégagea son bras et recula de plusieurs pas.

— Partons, répéta Rosen.

Et comme le vicomte demeurait immobile, il poursuivit :

— Vous aviez préparé, vous aussi, deux voitures, monsieur. J'ai le défaut de manquer de vigilance : d'autres ont veillé pour moi. Sur le terrain, nous serons égaux ; ici, non ; car vous avez foi en mon honneur ; et moi je vous crois capable d'un crime... Je me refuse à voyager dans vos landaus.

— Monsieur !... voulut dire le vicomte, qui se redressa.

Rosen reprit avec calme :

— Les choses ne se sont point passées tout à fait comme vous l'auriez souhaité. On est souvent mal servi pour son argent, et puis, il y a la Providence.

O'Brien n'est pas mort, je vous l'affirme, Towah

et M. Georges Leslie se portent aussi bien que vous. A l'heure où nous parlons, je puis, si je veux, transformer en témoins qui vous accuseront d'assassinats tous les hôtes rassemblés dans les salons de madame la duchesse de Rivas. Il y a du sang sous le balcon. Ce n'est plus un vol commis dans les montagnes neigeuses qui pèse sur vous : crime fantastique, à vrai dire, et dont vos aveux seuls rendraient la preuve possible. Il ne s'agit plus d'une supercherie matrimoniale, commise en pays étranger. La loi ne vous demandera pas compte non plus de lettres supprimées ; et autres petites infamies ; moi-même, je passe l'éponge sur tous vos méfaits antérieurs à cette nuit... Mais cette nuit vous avez acheté toute une bande de meurtriers ; cette nuit, vous avez offert cent cinquante mille francs à qui vous montrerait mon visage pour me désigner ensuite au poignard de vos bandits. Vous êtes à moi, monsieur de Villiers ! Sur cent hommes, entendez-vous bien, sur mille hommes, vous ne trouveriez pas un autre fou de ma sorte qui vous mît les armes à la main et qui vous dît comme je le fais : partons ! Les gens de votre espèce, on ne les mène pas sur le terrain ; il y a l'échafaud.

Henri passa la grille le premier.

— Tout ce que vous venez d'articuler est faux,

murmura-t-il pour garder une contenance ; excepté deux choses : vous êtes fou, et je ne me défie pas de votre honneur... Y a-t-il des armes là-dedans ?

Il montrait une des deux berlines.

— Des armes semblables dans chacune, répondit Rosen ; et dans chacune un manteau : choisissez !

M. de Villiers monta dans une des voitures au hasard.

— Route de Lille, dit-il au cocher, au ruisseau de Montfort.

— Et moi ! demanda Rosen.

— Vous, au ruisseau de Montfort, chemin de la Courneuve : il passe ici et là.

— A bientôt !

— A bientôt !

Les deux berlines partirent ensemble au grand trot.

Une ombre glissa entre les arbres des Champs-Elysées et les suivit en courant. Leur entrevue n'avait pas été sans témoin.

Il n'y avait plus personne sur la terrasse. Le vent du sud chassait au ciel des nuages chargés de pluie.

Le marchand de vin qui faisait face à l'ambassade avait donné refuge aux cochers trop douillets, tandis que d'autres, plus fidèles à la consigne, recevaient stoïquement l'ondée sur leur siége.

Le landeau où nous vîmes naguère un domino qui allumait sa pipe à celle du valet de pied était abandonné, au moins en apparence ; mais en s'approchant des portières, l'odorat et l'oreille auraient été avertis ensemble qu'il n'en était rien : l'odorat, par un violent parfum de tabac et d'eau-de-vie ; l'ouïe, par un sourd concert de ronflements.

Un homme, enveloppé des pieds à la tête dans une couverture grise, tourna l'angle de la rue d'Anjou Saint-Honoré et remonta le faubourg.

La nuit, par la pluie, ce costume est loin d'être extraordinaire chez nous. Paris a tant de pauvres gens qui se couvrent comme ils peuvent !

Notre homme traversa la chaussée sans se presser, et prit le trottoir méridional à l'endroit où commençait la file des équipages.

Il se mit à marcher paisiblement entre les voitures et les maisons.

Il jetait un regard rapide dans chaque équipage, et continuait de marcher.

Quand il passa devant le landau, il s'arrêta, — et flaira.

Il tourna les yeux à droite et à gauche ; personne ne l'observait.

Il mit sa tête encapuchonnée à la portière et vit quatre hommes qui dormaient.

Sa couverture s'ouvrit. Ses deux mains entrèrent dans le landeau. On ronfla moins fort à l'intérieur.

L'homme se mit à quatre pattes et passa en rampant sous la caisse du landeau.

Il se présenta à l'autre portière; ses deux mains entrèrent de nouveau, et ses bras, jusqu'aux épaules.

Dans le landau, on ne ronfla plus.

L'homme referma sa couverture et gagna, sans presser le pas, la rue d'Aguesseau, où il se perdit dans l'ombre.

L'instant d'après, ce personnage à figure hétéroclite, que le vicomte Henri de Villiers avait introduit à l'ambassade en même temps que Georges Leslie, et que nous y vîmes par deux fois, cette nuit, sortit du bal et vint droit au landau.

Ne voyant personne sur le siége, il se douta bien que le cocher avait cherché asile à l'intérieur, car il mit aussitôt sa tête à la portière.

— Sommes-nous là? dit-il.

Vous eussiez reconnu la voix flûtée de M. Benoît, propriétaire à Montmartre, fondateur de la villa du Bel-Air, et surnommé autrefois Mohican dans ses voyages en Amérique.

Il n'y eut point de réponse.

Les deux maîtres et les deux valets étaient fraternellement couchés sur les coussins du landau.

M. Benoît reprit :

— Allons, les vieux ! réveillons-nous ! Les autres doivent avoir fini leur besogne là-bas, nous avons besoin d'eux ici, il faut les aller chercher !

Point de réponse encore.

— Quatre tonnes d'eau-de-vie ! grommela M. Benoît ; ils dorment comme des marmottes ! Si j'éveille Bijoin pour nous conduire, il est ivre, il nous versera ! Bah ! la pluie diminue ; j'ai mené des chevaux plus fringants que ceux-là.

Bijoin était le bandit déguisé en cocher.

M. Benoît endossa son manteau de toile cirée qui était resté sur le siége, et prit sa place. Il toucha les chevaux, qui partirent.

L'homme à la couverture n'était pas encore bien loin. Il entendit le landau qui venait derrière lui et prit le pas de course. Il était très-agile, car le landau ne le rejoignit point.

A la barrière, Benoît dit au préposé :

— Si c'était à l'entrée, nous paierions le droit, monsieur Mignot, les amis en ont plus qu'ils n'en peuvent porter.

— Faut que carnaval se passe, monsieur Benoît, répondit M. Mignot. Ça va bien ? Je ne vous ai pas vu descendre avec Mohican, aujourd'hui....

Puis, par réflexion :

— C'est drôle tout de même de vous voir mener vous-même...

Benoît entr'ouvrit sa toile cirée et montra son domino.

— On fait ses farces à tout âge, un petit peu, dit-il. Voulez-vous visiter ?

— Ce n'est pas la peine. Bonne nuit, monsieur Benoît.

— Bonne nuit, monsieur Mignot.

Le landau franchit la barrière. L'homme à la couverture grimpait déjà la montée de Montmartre.

XVII

LES MOCASSINS DE TOWAU

Nous avons laissé M. Benoît, propriétaire, transformé en cocher, fouettant ses chevaux à tour de bras. Il avait tourné la butte Montmartre pour prendre la rue Saint-Denis à revers.

Le landeau cahotait terriblement, mais les quatre bons garçons qui étaient dedans dormaient toujours.

— J'ai envie de les verser, ma parole! se disait M. Benoît: voir si ça les éveillerait!

La montée était glissante; l'eau du dégel se creusait partout des rigoles. La rue, mal éclairée, était complétement déserte. M. Benoît s'arrêta enfin devant sa maison.

Il y avait de la lumière aux jours de souffrance.

— Nos coquins sont là! se dit-il; je ne suis pas fâché de voir un peu ce qu'ils font.

Il ajouta avec un gros soupir:

— Qui m'aurait dit avant-hier que j'allais mettre en vente ma pauvre villa du Bel-Air? j'étais si tranquille! je gagnais si doucement mon argent! cinquante mille écus sont bons à palper certainement... certainement... mais c'est bien du tintouin! Et les déménagements, ce que ça coûte!

Il ouvrit la portière du landau.

— Allons, tas de fainéants! cria-t-il rudement; pied à terre!

Un silence profond régnait à l'intérieur de la voiture.

Aucun des quatre bandits ne bougea.

Benoît saisit le bras de l'un des dominos. Le bras vint comme si c'eût été un bras de mannequin et retomba inerte en dehors de la portière.

Benoît se pencha pour voir de plus près.

Une odeur fétide le saisit à la gorge.

Il connaissait cela.

Ses jambes flageolèrent sous le poids de son corps.

— Se sont-ils entr'égorgés? fit-il. Ça flaire le sang!

Quelle autre idée pouvait lui venir ?

Il s'élança au-devant du landeau et décrocha une des lanternes.

Quand il l'eut à la main, il n'osa plus et resta une grande minute à trembler sur place.

Enfin, il présenta l'âme de sa lanterne à la portière.

Un cri étouffé s'échappa de sa poitrine. Il tomba sur ses genoux dans la neige fondue.

— Towah ! fit-il, pendant qu'une pâleur livide se répandait sur ses traits.

Il venait de voir les quatre bandits affaissés l'un sur l'autre, ayant tous la même blessure, large et profonde, qui séparait en deux la trachée-artère.

Ils avaient dû mourir sans pousser un seul cri.

Leurs têtes qui pendaient étaient sanglantes et complétement à nu.

On leur avait arraché leurs chevelures.

M. Benoît connaissait trop bien les coutumes des Peaux-Rouges pour ne pas reconnaître ici la main du Pawnie.

Mais il y avait quelque chose de surhumain dans ce fait de quatre hommes égorgés l'un près de l'autre, sans que la mort du premier avertît le second, sans que la convulsion du second éveillât le troisième, sans que l'agonie du troisième fît ouvrir les yeux au dernier !

C'étaient quatre coups sûrs, terribles, pareils !

Une sueur froide inondait les cheveux de Benoît.

Quatre hommes étaient morts de la main de Towah, en pleine rue, sous le balcon de l'hôtel de Rivas, au milieu des voitures stationnant pour la fête.

Benoît regarda tout autour de lui avec terreur, croyant que la tête tatouée du sauvage allait se montrer à lui quelque part dans l'ombre.

Il était seul, dans une banlieue déserte, contre ce prodigieux ennemi qui venait de massacrer quatre hommes au plein milieu de Paris.

Sa main froide et engourdie chercha le pistolet qui était dans son sein, mais il n'avait foi ni en lui-même ni en son arme.

Son regard ne rencontra que le vide. Il respira.

Le silence n'était rompu que par le bruit du vent qui gémissait dans les branches dépouillées et par le murmure monotone de l'eau roulant dans les rigoles.

Benoît lâcha son pistolet et prit la clef de sa maison.

La porte était derrière lui, à deux pas, mais il lui sembla qu'il n'aurait pas le temps de se retourner et de l'ouvrir.

La folie de la frayeur le prenait. Les ténèbres s'emplissaient pour lui de fantômes.

Il se disait, car ces angoisses de la peur ramènent l'homme à toutes les petitesses de l'enfance, il se disait : « Si une fois j'étais de l'autre côté de la porte fermée, je serais sauvé ! »

Il invoqua Dieu machinalement, le païen qu'il était. Pour franchir cette porte il eût fait un vœu, et il eût donné le quart de ses écus !

La clef grinça dans la serrure... qu'il avait trouvée, malgré le tremblement de ses mains ; la porte tourna sur ses gonds.

Il entra et la referma violemment.

Puis ses cheveux se hérissèrent sur son crâne, parce qu'il ne voyait plus rien.

Il avait laissé la lanterne de l'autre côté de la porte.

Ouvrir ? à aucun prix ! Et pourtant, au lieu du calme espéré, Benoît sentait redoubler sa crainte.

Qu'y avait-il autour de lui dans cette nuit noire ?

— Rémouleur, appela-t-il timidement.

Le son de sa propre voix l'épouvanta.

Rémouleur ne répondit point à cet appel,

On n'entendait aucun bruit dans la chambre voisine, bien qu'une lueur vive passât par le trou de la serrure.

— Rémouleur ! répéta Benoît en détresse ; holà, les vêters !

Rien ! Benoît prit le courage d'aller mettre l'œil à la serrure.

Un grand feu brûlait dans l'âtre.

Une lumière était sur la table, au milieu de bouteilles au goulot brisé et de verres à demi-vides.

— Ah ! fit Benoît un peu ranimé par la colère qui le prit à cette vue, les misérables ont forcé ma cave !

Il poussa la porte brusquement. Il n'y avait personne dans la chambre, mais elle était pleine des débris d'une orgie.

Benoît ne vit qu'une chose : son lit dérangé, et, dans la ruelle, un trou béant au milieu du mur.

Il recula, saisissant à poignée la peau de sa poitrine. Ses yeux voulurent sortir de leurs orbites. Sa poitrine rendit un hurlement rauque.

Il n'avait plus peur.

— Mon argent ! s'écria-t-il avec un grand sanglot mon pauvre argent !

Il se laissa choir sur un siége.

Des larmes coulaient le long de ses joues.

— Et c'est moi ! murmura-t-il, c'est moi qui les ai introduits dans ma maison !

Tout à coup il se leva comme un furieux. Il voulait s'élancer à la poursuite des bandits et les attaquer tous les quatre, lui seul. Il se sentait fort comme un lion. Mais au premier pas qu'il fit, le pistolet à la main, son pied heurta contre un objet inerte et lourd qui dépassait les pieds de la table.

Il tomba.

La lumière du foyer, glissant à travers les barreaux des chaises, éclairait le dessous de la table.

Benoît, paralysé par la stupeur, ne se releva pas.

Son argent était là, en tas.

Quatre cadavres couchés en équerre, appuyaient leurs têtes scalpées contre cet oreiller.

C'étaient les jambes de Rémouleur qui l'avaient fait tomber.

Les « véters » n'avaient pas été tués en cet endroit, car leurs vêtements étaient souillés de boue.

Benoît avait placé les bandits en embuscade dans son jardin et chacun d'eux dans un massif différent pour surprendre Towah au moment où il escaladerait le mur de clôture donnant sur la rue St-Jean. Rémouleur et ses compagnons avaient dû mourir à leur poste. On les avait traînés ici quand ils n'étaient plus que des cadavres.

Ils étaient morts tous les quatre de la même blessure, qui avait tranché la jugulaire des quatre hommes du landau.

Benoît regardait son argent.

Tout à coup, la lumière du foyer projeta une grande ombre sur le groupe formé par les quatre corps. On n'avait entendu cependant aucun bruit.

Avant que Benoît eût le temps de se retourner, une corde s'enroula autour de sa gorge. Il ne put pousser qu'un cri plaintif et faible.

Towah était debout devant lui, sombre et grand comme une vision vengeresse.

Benoît, qui gardait ses mains libres, les joignit pour implorer pitié. Towah dit :

— Towah a tué sa femme Lile, qu'il aimait, et il avait juré de marcher pieds nus jusqu'à ce qu'il fût vengé. Autrefois un vieil homme à robe noire avait dit à Towah que le grand Esprit mort sur la croix ordonna de pardonner, mais Towah n'a pas pu oublier sa femme Lile.

Tout en parlant, il liait les mains de Benoît, puis ses jambes. Quant ce fut fait, il sortit par la porte de la rue à quatre reprises consécutives.

Chaque fois qu'il rentrait, il apportait sur ses épaules un des cadavres du landau.

Il les déposa entre les quatre premiers qui étaient déjà sous la table, de manière à former une étoile à huit branches, dont le centre était le tas d'argent.

Cela fait, il décrocha une hache pendue à la muraille et mit en pièces la table, les chaises, le lit, les armoires, tout ce que contenait la chambre.

Avec les débris, il construisit un bûcher central et quatre petits bûchers aux angles de la pièce.

Il vint s'asseoir auprès de Benoît, tira une paire de mocassins brillants et graissés à neuf de dessous sa couverture et les chaussa en chantant une mélodie grave et lente.

— Towah n'ira plus pieds nus, dit-il, car il va se venger.

Benoît était déjà plus qu'à demi-mort. Towah promena la lame tranchante de son couteau autour de la chevelure du misérable et l'arracha d'un seul coup. Benoît ferma les yeux et ne bougea plus.

Towah mit, alors, le feu aux cinq bûchers. Il y avait neuf chevelures sanglantes dans un sac de cuir qui pendait à sa ceinture. Il sortit tenant à la main une bouteille d'eau-de-vie.

Une fois dehors, il en but une large lampée, puis il en versa dans le creux de sa main et frotta brusquement les narines et la bouche des deux chevaux du landau qu'il avait retournés. Il les piqua en même temps de la pointe de son couteau, après avoir coupé un trait à chaque cheval.

Les deux chevaux s'élancèrent sur la pente abrupte bondissant et se cabrant. Au bout de cinquante pas, ils ne traînaient plus que des débris, dont le ballottement les rendait furieux. Le landau secoué inégalement dans la diabolique rapidité de la descente, avait donné de droite et de gauche contre les murs et s'était disloqué.

Le feu commençait à sortir par les carreaux brisés de la maison de Benoît. Towah se baissa pour regarder ses mocassins, signe de sa vengeance accomplie.

Il but une seconde gorgée d'eau-de-vie et jeta le reste.

Sa haute taille se redressa, sa poitrine élargie rendit un son fier. Il descendit vers la ville lentement et tête levée.

Lecteur, ne jugez pas ces cœurs ignorants, fils des forêts lointaines où les passions des hommes n'ont pas le frein de la loi. La vérité, supérieure à toute loi humaine, leur vint un jour d'Europe et ils y crurent, mais depuis lors, l'Europe leur a envoyé trop de mensonges, trop de vices et trop de crimes.

XVIII

DUEL AMÉRICAIN

Il était six heures du matin. Le ciel nuageux et noir à l'horizon, vers l'orient, des ondes bleuâtres sur lesquelles s'appliquaient de larges bandes d'un gris pâle. La plaine restait plongée dans l'obscurité. Ça et là quelques arbres isolés veillaient comme des fantômes. C'était en ce moment où le crépuscule naissant va entamer contre la nuit sa lutte victorieuse. Les ténèbres règnent encore, mais une lueur qui sort on ne sait d'où les rend déjà confusément visibles.

Une berline courait au galop de ses deux bons

chevaux sur la route de Lille. Les portières en étaient fermées, le cocher poussait son attelage en conscience.

Un peu au-delà du fort d'Aubervilliers, que le cocher laissait sur sa droite, un pont à fleur de terre traversait le ruisseau de Montfort, qu'une croûte épaisse de glace recouvrait malgré le dégel.

Le cocher arrêta la berline à la tête du pont. La portière s'ouvrit.

— Allez toujours, ordonna une voix à l'intérieur; vous arrêterez au petit bois qui s'étend en avant de la Courneuve.

La portière se referma ; le cocher obéit.

Au bout de dix minutes de marche, la voiture s'arrêta de nouveau. Le crépuscule avait assez gagné pour qu'on pût distinguer un bouquet de chênes à gauche de la route.

— Ne descendez pas de votre siége, commanda la voix de l'intérieur.

Le voyageur baissa lui-même le marchepied et sauta sur la grande route. Il portait un manteau et tenait à la main une carabine à deux coups.

— Tournez bride, et reprenez le chemin de Paris, dit le voyageur; vous trouverez votre salaire dans la poche de la voiture.

— Si monsieur avait besoin... commença le cocher.

Le voyageur l'interrompit.

— Pas de réplique, fit-il, et en route!

Le cocher fouetta ses chevaux.

Le voyageur se jeta aussitôt dans le bois et se dirigea, en courant, du côté de la Courneuve, comme s'il eût craint d'être poursuivi.

Arrivé à deux cents pas de la route, il s'arrêta brusquement et se mit à écouter. Il crut entendre un bruit qui cessa soudain. C'était comme l'écho de sa propre marche. Quand on écoute ainsi après avoir couru, l'oreille est souvent déçue par la respiration plus agitée.

Henri de Villiers, car c'était lui, resta un instant immobile, retenant son souffle. Un silence profond régna dans les bois, mais dès qu'il reprit sa marche, il entendit bruire faiblement les feuilles agitées.

Il se retourna. Illusion ou réalité, une forme indécise lui apparut entre les arbres.

Sa carabine tomba en joue. Il visa.

Au moment de faire feu, cependant, il changea de dessein et marcha, l'arme en arrêt, sur l'objet ajusté.

C'était un vieux tronc de chêne; il en fit le tour et ne vit personne; mais, à cinquante pas de là, les feuilles bruirent de nouveau, et le vicomte Henri crut voir encore un objet qui se mouvait dans les ténèbres.

— Je rêve ! s'écria-t-il en gourmandant sa faiblesse, comment Rosen serait-il arrivé avant moi sur mon terrain ! Il ne connaît pas le pays... n'ai-je pas vu cent fois ainsi des ombres mouvantes dans les forêts ? Allons ! du sang-froid ! ma partie est encore belle : j'ai bon pied, bon œil, et pour le moment, personne n'aura mon héritage !

Il prit sa course à travers le bois et ne s'arrêta qu'à la lisière.

Là, il déposa sa carabine contre un arbre, afin de rendre par un frottement vif et prolongé la souplesse à ses mains engourdies.

Il faisait nuit sous le couvert, mais la plaine commençait à s'éclairer. Le vicomte pouvait prendre ses mesures et tracer son plan de bataille. Il ne songeait plus à cette fantasmagorie qui l'avait poursui-suivi lors de son entrée dans le bois.

Il avait tort. Ce n'était pas Rosen, en effet, qu'il avait vu, mais à deux cents pas de lui, Towah rampait sur le sol, avançant avec lenteur, et ne produisant aucun bruit.

Towah était rentré à Paris, après la sauvage razzia de Montmartre. Il avait suivi la berline, en courant depuis l'avenue Gabriel, où nous l'avons aperçu dans l'ombre, lors du départ des deux adversaires.

Le vicomte Henri se disait :

— Rosen va suivre le ruisseau de Montfort sur le chemin de la Courneuve. Il va remonter le courant pour aborder la route de Lille. Moi, je vais m'embusquer dans la plaine, à demi-portée. Je l'aurai en flanc, et si ma main ne tremble pas, ce sera la fin de l'histoire.

C'était pour favoriser cette manœuvre qu'il s'était fait descendre à un grand quart de lieue au-dessous du ruisseau et qu'il avait gagné à l'ouest en traversant le bois.

Certes, nous ne défendons pas le vicomte ; mais sa ruse, il faut bien l'avouer, ne contrarierait pas absolument les lois bizarres et féroces du duel américain. Ce bon pays d'Amérique ne se pique pas du tout de chevalerie. Les Peaux-Rouges étaient des preux ; les Yankees savent vivre, et leurs journaux nous apportent toutes les semaines quelque preuve nouvelle de civilisation ; ils boxent en plein Congrès, ils se prodiguent des coups de carabine dans les rues, ils se brûlent la cervelle dans les églises, à l'aide de ces outils ingénieux qu'ils ont baptisés du nom *d'express-revolvers* : tout cela n'est diantre pas de la sauvagerie.

Le duel américain n'a aucune espèce de rapport avec ce combat assurément inutile, toujours coupable au point de vue religieux, mais courtois et loyal selon la loi mondaine qui est notre duel. Le duel américain est une bataille acharnée ou plutôt une guerre déclarée, où chaque partie belligérante conserve sa liberté d'action. Dans toute guerre, le stratagème est permis. Nous n'avons pas besoin d'ajouter que le duel américain n'est jamais, comme le nôtre, une mauvaise plaisanterie. Il faut mort d'homme au bout de la lutte. Deux balles de liége, échangées à trente-cinq pas n'y *satisfont* point cette chose fantastique et si drôle que nos hommes d'État appellent l'honneur.

Le vicomte resserra sa ceinture et s'assura qu'il avait complète liberté de mouvement dans ses habits. Son œil cherchait déjà au loin, dans la plaine, le poste qu'il allait prendre pour l'affût.

Towah n'était plus guère qu'à une cinquantaine de pas. Towah rampait sur ses genoux et sur ses mains. Le serpent des savanes ne glisse pas plus silencieusement dans les grandes herbes.

A l'orient, la ligne grise des nuages se teintait d'amaranthe. Le froid reprenait, comme il arrive d'ordinaire à cette heure. L'eau du dégel pendait en cristaux aux branches des arbres. Pas une âme ne se montrait dans la plaine.

— Il doit être arrivé pourtant ! se disait le vicomte ; une fois le grand jour venu, le combat deviendra impossible.

A la pointe nord du bois, le terrain se relevait de manière à former une petite éminence, dont le sommet n'était qu'à quelques pas des derniers arbres. Le vicomte y monta pour voir s'il apercevrait de là le ruisseau de Montfort. Towah n'était plus qu'à deux ou trois toises de l'arbre. Il l'atteignit en pressant sa marche, saisit la carabine et se coucha tout de son long. Il désarticula le canon mobile, prit les deux cartouches l'une après l'autre, les mordit et les replaça.

Quand le vicomte Henri revint à l'arbre, la carabine y était toujours appuyée. Towah invisible derrière le tronc d'un vieux chêne, fendait sa large bouche en un rire muet.

Le vicomte prit son arme à la hâte, dépouilla son manteau qu'il roula sur son bras, et s'élançant, tourna le mamelon du côté de l'ouest. Il avait aperçu son adversaire.

Albert de Rosen s'avançait, en effet, à une distance de trois à quatre cents pas. Il ne suivait point la direction du ruisseau de Montfort ; il était entré en plaine pour voir tout autour de lui. Sa marche était lente et semblait pénible. Il faisait bonne garde. Son manteau le couvrait de la tête aux pieds.

Le jour, grandissant de minute en minute, permettait de reconnaître son bandeau.

Le vicomte arma et se coula le long d'un sillon. Il fit jouer dans sa gaîne son couteau d'or. Il pensait :

— Dans trois minutes, cet homme est à moi!

Le sillon où il marchait s'approchait jusqu'à cent cinquante pas, au plus près, de la ligne droite suivie par Rosen. Mais celui-ci s'étant arrêté pour jeter à la ronde un regard attentif, changea de direction. Il vint droit sur le vicomte, lequel s'agenouilla et mit en joue.

A cent pas, le vicomte tira.

Le manteau de Rosen tomba et laissa voir son costume hongrois, à la ceinture duquel pendait un couteau d'or tout semblable à celui de Villiers.

Rosen gardait la carabine en arrêt. Il pressa le pas.

Henri visa de nouveau. Son âme était dans ses yeux. Soixante pas à peine le séparaient de son adversaire, lorsque son second coup de carabine partit.

Rosen s'arrêta, sa main toucha son front. Henri

le crut blessé à la tête. Mais, loin de chanceler, Rosen sembla tout à coup grandir. Sa taille, voûtée jusqu'alors, se développa robuste et haute.

En même temps, son bandeau arraché laissa voir son visage. M. de Villiers poussa un cri de rage.

— Georges Leslie ! fit-il, en rechargeant vivement sa carabine.

— Je vous défends de recharger ! prononça Rosen avec calme.

Et comme Henri n'obéissait pas, Rosen mit en joue pour la première fois. Un troisième coup de feu retentit dans la plaine déserte. Ce fut le dernier : la crosse de la carabine d'Henri vola en éclats.

Rosen jeta la sienne et continua d'avancer.

Ses yeux étaient fixés sur ceux du vicomte, qui était pâle, mais dégaînait résolûment son couteau d'or.

— Vous avez une heureuse chance, monsieur Leslie, dit Henri : si j'avais touché juste, à quoi vous eussent servi toutes vos momeries ?

— Notre combat n'a pas encore commencé, monsieur de Villiers, répondit Rosen ; il n'y avait pas de balles dans vos cartouches.

— Alors, c'est un assassinat !...

Rosen dégaîna son couteau d'or.

— Voulez-vous rendre justice à Ellen Talbot? demanda-t-il.

— Non, répondit Henri ; je vous attends.

Rosen fit deux pas et un saut. Henri le reçut de pied ferme et lui porta un cou à bras raccourci que Rosen para sans riposter.

L'instant d'après, Henri était renversé sur le sol ; Rosen lui tenait le poignet droit et avait un genou sur sa poitrine.

— Voulez-vous rendre justice à Ellen Talbot ; votre femme ? demanda-t-il pour la seconde fois.

Le vicomte écumait de fureur impuissante.

— Non ! répondit-il encore.

Puis il se prit à rire et ajouta :

— Vous avez fait serment de ne pas me tuer !

Pour la troisième fois, Rosen demanda :

— Voulez-vous rendre justice à votre femme pour sauver votre vie ?

Son hésitation même rendait à M. de Villiers toute son assurance.

— Je veux épouser Hélène de Boistrudan, ma cousine, répliqua-t-il ; je vous cède l'autre, beau chevalier errant !

Le comte Albert ne pouvait pas comprendre encore ce qu'il y avait d'infâme raillerie dans cette parole.

A peine Henri l'eut-il prononcée qu'il fit un effort pour se dégager, effort si violent que sa jaquette s'ouvrit, déchirée. Un papier tomba de son sein.

Il poussa un rugissement et mordit le poignet de Rosen pour le faire lâcher prise.

Celui-ci lâcha prise en effet.

Il était penché sur le papier, qui était une lettre.

Du premier coup d'œil il avait reconnu le timbre postal des Etats-Unis ; la lettre venait de Baltimore. Elle était adressé à Mlle de Boistrudan, mais ce n'était pas l'écriture d'Ellen Talbot.

Cédant à un premier mouvement, Rosen se jeta sur la lettre. Le vicomte Henri, qui le guettait fit un bond de tigre, visa au cœur et lui lança un furieux coup de couteau.

Mais son coup ne porta point, et il se sentit enlevé de terre par deux bras d'athlète qui étreignaient sa ceinture. Il ne pouvait pas se retourner. A quoi bon d'ailleurs? les mains de bronze rouge de Towah le Pawnie étaient aussi reconnaissables que son visage.

— Ne lui fais pas de mal! ordonna Rosen.

Il ouvrit la lettre et lut. Sa tête s'inclina sur sa poitrine ; une larme vint à ses yeux.

— Elle est morte! prononça-t-il lentement,

Un son profond sortit de la gorge de l'Indien.

— Ellen est une sainte aux pieds de Dieu, ajouta Rosen.

— Vous voyez bien! dit le vicomte Henri de Villiers, quand même je le voudrais, je ne pourrais pas accéder à votre demande.

Rosen passa le revers de sa main sur son front.

— Ellen est morte! répéta-t-il d'une voix pleine de sanglots, le pur, le doux rêve de ma jeunesse. J'avais promis de vous épargner tant que vous auriez la possibilité de réparer votre indigne fourberie, voilà que ma promesse est morte aussi. Lâche-le, Towah.

L'Indien obéit.

— Faites comme moi, monsieur de Villiers, reprit Rosen, qui jeta bas sa polonaise et prit dans son portefeuille le papier signé par Henri, à Baltimore, la nuit où le duel avait été offert et accepté.

— Je me défie de cet homme, dit Henri en montrant Towah.

— Avance ici, Towah! commanda Rosen.

Et quand l'indien fut entre lui et le vicomte :

— Jure-moi que tu resteras immobile pendant la lutte, reprit-il.

— Towah le jure!

— Jure-moi que, si je tombe, tu ne me vengeras pas !

Towah hésita.

Rosen lui mit la main sur l'épaule.

— Jure, répéta-t-il, par les os de ton père !

— Towah le jure, prononça l'Indien avec répugnance, par les os de son père !

— Il faut que je me contente de cela, dit Henri avec un sourire amer.

— Monsieur de Villiers, répondit Rosen, si vous ne vous battez pas contre moi comme un homme, celui-là va vous tuer comme un chien !

Towah passa sa langue sur ses lèvres.

— Faites comme moi ! répéta Rosen.

Il enfila à la lame tranchante de son couteau d'or le papier signé par M. de Villiers. Celui-ci prit le papier signé par Rosen et l'enfila de même à son golden-dagger.

Ils se mirent en garde, pied droit contre pied droit, le couteau au genou, le manteau roulé autour du bras gauche.

Henri frappa le premier.

Il tomba lourdement à la renverse ; le couteau de Rosen lui avait traversé le cœur et montrait, collé aux lèvres de la blessure mortelle, le papier portant ces mots :

« Je meurs par ma propre volonté et par ma propre main. »

Signé : « Henri, vicomte DE VILLIERS. »

Towah eut grand'peine à laisser sur place cette dixième chevelure.

Le soleil, qui n'avait pas atteint encore la ligne de l'horizon, empourprait déjà la frange des nuées.

— Et Mohican? demanda Rosen, en traversant la plaine solitaire pour regagner le ruisseau de Montfort.

Towah regarda orgueilleusement ses pieds chaussés de mocassins. Puis son doigt désigna au loin les hauteurs de Montmartre, d'où s'élevait une épaisse colonne de fumée.

— La femme de Towah, dort en paix dit-il ; elle est vengée. Je pars.

Neuf heures sonnant, Georges Leslie entrait à l'hôtel de Boistrudan. Hélène priait dans sa chambre et il était loin encore de faire jour chez la marquise. Albert ne fut point reçu, mais Hélène remercia Dieu, parce que, dans son cœur, une crainte mortelle était apaisée.

Vers midi, le général O'Brien se fit annoncer et remit à Mlle de Boistrudan, en présence de la marquise une lettre ainsi conçue :

« Ellen est morte, sa fille est orpheline de père et de mère : je serai son père, voulez-vous être sa mère?

Comte Albert de Rosen.

La marquise trouva que ce billet était toute une histoire, et une si originale manière d'entamer les négociations faisait rentrer pour elle ce mariage dans l'ordre des événements possibles.

ÉPILOGUE

A l'ouest de la grande ville d'Ofen, que nous appelons Bude, entre les forêts Bacconnier et le lac Balaton, il est un fier château qui se dresse, noir et grand, parmi les chênes séculaires, sur le penchant de la montagne. Le quinzième siècle vit encore en Hongrie. Les magyares parlent latin ; les villes ont leurs crieurs de nuit ; les forteresses sont telles que les ont laissées les batailles féodales du moyen-âge. Ce grand château, flanqué de tourelles aiguës et montrant entre les deux rainures de son pont-levis un large écusson sculpté dans la pierre, était l'ancienne résidence des bans de Kaposwar. Il dominait des cultures fertiles ; un village heureux s'abritait ous ses créneaux.

Un an après les événements que nous venons de raconter, la nuit de Noël 1850, on faisait réveillon dans la grande salle du château. Autour de l'énorme cheminée de marbre jaune, où brûlaient des troncs d'arbres tout entiers, une famille était rassemblée. C'étaient d'abord deux vieilles dames, dont l'une portait le deuil : M{ⁿᵉ} la marquise de Boistrudan et mistress Talbot, la mère d'Ellen. C'étaient ensuite le vieux général O'Brien, en costume de voyage, tenant sur ses genoux une belle petite fille de dix-huit mois ; puis le comte Albert de Rosen et sa jeune femme, qui avait dans ses bras un enfant nouveau-né.

La belle petite fille de dix-huit mois avait nom Hélène : c'était la fille d'Ellen Talbot. L'enfant nouveau-né, une petite fille aussi, qui avait pour mère Hélène de Boistrudan, s'appelait Ellen. C'étaient deux sœurs : on voyait déjà qu'elles se ressembleraient.

Il y avait là un intérieur souriant et charmant. La jeune comtesse de Rosen contemplait en souriant les deux enfants également aimées. Dans les yeux d'Albert, fixés sur sa femme, le bonheur parlait. Seule, M{ᵐᵉ} la marquise bâillait un peu. C'était une parisienne exilée. Elle savait, d'ailleurs, désormais, toutes les histoires de son gendre.

— Parlez-nous de Paris, vous qui en venez ! dit-elle au vieux général ; que fait-on à Paris ? que dit-on à Paris ?

— Paris dort, répondit O'Brien ; il n'y a plus ni politique, ni littérature ; la Bourse seule veille. On y parle cependant d'une femme ?

— De quelle femme !

— De Mme la duchesse de Rivas.

Hélène jeta un regard sur son mari.

— Que dit-on de madame la duchesse de Rivas ? demanda la marquise.

— Qu'elle est veuve, répondit O'Brien.

— Quoi ! s'écria Rosen, M. le duc est mort !

— Elle est toujours belle ? fit la marquise.

— Plus belle qu'autrefois.

— Elle se remariera ?

— Non.

— C'est une inconsolable ?

— Peut-être... cependant, la dernière fois que je l'ai vue, elle souriait sous son voile de religieuse.

— Religieuse ! Elle qui donnait de si beaux bals !

— C'est la sœur Maria del Carmen.

Hélène songeait ; Rosen lui baisa la main et demanda :

— A quoi pensez-vous, comtesse ?

Hélène releva sur lui des yeux limpides.

— Je pense, répondit-elle, à ces beaux cheveux qui tombèrent de ce front admirable pour acheter la liberté de celui qu'elle appelait son frère. Je pense que Carmen est un grand cœur, et qu'elle doit aimer Dieu saintement.

FIN

TABLE DES CHAPITRES

I. — Petit comité chez la marquise	1
II. — M. Benoît	20
III. — La légende du Golden-dagger	43
IV. — Le mayor	66
V. — Dona Carmen	90
VI. — Le pacte	113
VII. — Nuit d'hiver	135
VIII. — Explication	156
IX. — Mohican	173
X. — Les Camaros	195
XI. — Le général O'Brien	214
XII. — Mystères	232
XIII. — Les cheveux de madame la duchesse . .	250
XIV. — La contredanse	267

XV. — L'étoile polaire. 288
XVI. — Les deux berlines 303
XVII. — Les Mocassins de Towah 330
XVIII. — Duel américain 340
Épilogue 355

FIN DE LA TABLE

Rennes, imp. Fr. Simon, S¹ de A. Le Roy, imp. breveté.

www.ingramcontent.com/pod-product-compliance
Lightning Source LLC
Chambersburg PA
CBHW070852170426
43202CB00012B/2041